사람들 사이에 안민석이 있다

사람들 사이에 안민석이 있다

ⓒ 2023 안민석

1판 1쇄 발행 2023년 11월 10일

지 은 이 안민석
펴 낸 이 김재문

총괄책임 진호범
편   집 김동진 정초희
디 자 인 최재원
펴 낸 곳 출판그룹 상상
출판등록 2010년 5월 27일 제2010-000116호
주   소 (06646) 서울시 서초구 반포대로28길 42, 6층
전자우편 story@sangsang21.com
홈페이지 www.sangsang21.com
페이스북 facebook.com/sangsangbookclub
인스타그램 @sangsangbookclub
대표전화 02-588-4589 | 팩스 02-588-3589

ISBN 979-11-91197-89-1 (03340)

사람들 사이에 안민석이 있다

안민석 지음

상상

프롤로그

인연, 동행, 감사

정치를 시작하고 강산이 두 번 바뀌는 시간이 흘렀습니다. 청바지가 어울리던 청년 정치인이 어느새 청바지가 어색한 중진 정치인이 되었습니다. 노무현 대통령님과 함께 세상을 바꾸겠다는 열정 하나만으로 강단을 박차고 정치에 뛰어들었지만 세상은 별로 나아진 게 없습니다. 오히려 국민의 삶은 갈수록 피폐해지고, 불평등도 심화되었으며, 우리나라는 OECD 노인 빈곤률 1위, 저출산 1위 국가라는 오명을 얻었습니다. 또한 남북 관계도 점점 악화되어 가고 있습니다. 교육은 수십만 명의 교사들이 거리로 나와 절규할 만큼 병들었습니다.

정치인으로서 책임을 통감합니다. 그래도 깨끗하게, 정의롭게, 따뜻하게 정치하겠다는 소신으로 줄서기 정치는 하지 않았습니다. 정치인이 존경받지 못하고 욕먹는 시대에 두려워하지 않고 현장으로 달려가서 문제를 해결하려고 애썼습니다. 셀 수 없을 만큼 감사한 분들께 실망을 드리지 않기 위해 열심히 일했습니다. 다음 선거가 아닌 다음 세대를 위한 정치인이 되라는 김대중 대통령님의 말씀을 늘 가슴에 품었습니다.

'민주주의 최후의 보루는 깨어 있는 시민들의 조직된 힘'이라는 노무현 대통령님의 말씀을 수백 번 수천 번 되새겼습니다. 저의 제안으로 남북 정상이 합의했던 2032 서울평양평화올림픽을 추진하신 문재인 대통령님의 남북 화해와 평화의 꿈은 포기할 수 없는 역사의 책무입니다. 경기도지사 도전도 이루지 못한 꿈입니다. 사회적 약자들과 억울한 이들을 위한 관심과 실천도 아쉬움이 큽니다. 이제 저의 20년 정치를 성찰하고 국민과 오산 시민과 함께 쉼 없이 달려온 시간을 차분히 돌아보고자 다섯 번째 물향기 편지『사람들 사이에 안민석이 있다』를 보내 드립니다.

다섯 번째 물향기 편지『사람들 사이에 안민석이 있다』는 일벌레 안민석의 물향기 편지 20년을 총정리했습니다. 특히 1부에는 저에게 영감을 주며 성과를 내도록 이끌어주신 열네 분들과의 인연을 담았습니다. 정치란 세상을 바꾸는 일이고 세상의 중심에는 사람이 있습니다. 책에 담지 못했지만 저의 부족한 부분을 채워주신 많은 분들께도 고개 숙여 감사드립니다. 그분들의 도움과 응원 덕분에 지난 20년을 달려올 수 있었습니다. 백혈병 소아암 아이들을 돕고, 경기맹학교를 설립하는 데 앞장서게 된 것도 소중한 인연 덕분에 가능했습니다. 34개 해외 한국학교를 오랫동안 지원하며 그들의 울타리가 된 것도 열정적인 분들과의 만남 덕분이었습니다.

20년 정치인의 삶을 정리하는 물향기 편지 『사람들 사이에 안민석이 있다』를 보내 드리며 저를 키워주신 오산 시민들께 진심으로 감사드립니다. 작은 오산에서 큰 정치인을 키워야 한다는 시민들과 함께 뛰었습니다. 더 공부하고 더 열심히 뛰지 못해 죄송합니다. 그래도 수도권 내리 5선의 신화를 만드신 위대한 오산 시민들께 감사와 존경을 표합니다. 오산이 자랑하는 정치인이 되겠다는 일념으로 지내 온 20년에 대한 평가는 시민들의 몫으로 남기겠습니다.

보좌진들에게도 고마움을 전합니다. 일 많이 하는 의원실로 악명이 높지만 그래도 부족한 의원을 도와 오랫동안 동행해 준 보좌진들이 자랑스럽습니다. 정치를 20년 하는 동안 거둔 성과는 보좌진의 도움 없이는 이루지 못했을 것입니다. 간섭하지 않아도 자발적으로 일하는 보좌진들의 헌신이 있었기에 무탈하게 20년을 보낼 수 있었습니다.

마지막으로 20년간 하루도 빠짐없이 아침을 챙겨주고 여의도로 떠나는 정치인 남편을 위해 지성으로 기도해 준 아내에게 존경과 감사를 드립니다. 돌이켜 보면 제가 청렴한 정치인으로 살 수 있었던 것은 물욕 없는 아내의 기도 덕분이었음을 고백합니다. 또한 청렴한 정치인 아빠를 응원해 준 딸과 아들도 잘 자라줘서 고맙습니다. 아내와 아이들에게 사랑한다는 말을 꼭 전하고 싶습니다.

지난 20년 동안 부족한 저를 채워주고 응원해 주신 모든 분들께 큰절로 감사드립니다.

2023년 늦은 가을 새벽에
안민석

차례

1부

정치인의 여정, 함께한 소중한 인연

AI로 오산의 미래를
꿈꾸는 정치인

　　안민석 의원과의 만남은 2008년 상하이 뙤약볕이 온 도시를 가마솥으로 만든 여름 날씨가 절정일 때였다. 나는 상하이에서 제법 알려진 국제대안학교를 운영하고 있었는데 안민석 의원이 상해한국학교를 방문한다는 소식을 들었다. 국회의원이 해외 한국학교를 방문한다는 것은 매우 이례적인 일이다. 해외 한국학교는 한국 교육부와 현지 국가 교육부의 허가를 동시에 받아 운영하는데 이사회가 운영을 책임지고 한다. 그러니 엄격히 말하면 해외 한국학교는 사립학교의 성격이 강하다. 그러므로 재정이 열악한 모든 해외 한국학교는 교육 환경 개선이 시급한 현안이다. 국회의원이 지역 표심과 관계없는 이 일을 해결하기 위해 발 벗고 나선다는 것은 뜻밖이었다. 결국 안민석 의원은 재외 한국학교 이사장협의회를 구성하고, 10여 년의 기나긴 노력 끝에 재외국민 교육지원법을 발의하여 통과시켜 해외 한글학교와 한국학교를 지원할 수 있는 근거를 마련하였고, 해외 교민들이 민간 외교관으로서 역할을 담당하는 데에 큰 역할을 하게 되었다.

나는 해외 한국학교 교육 환경 개선에 최선을 다하는 안민석 의원의 모습을 보고 감동하여 정치인에 대한 부정적인 생각을 바꾸었고, 안민석 의원이 하는 일은 묻지도 따지지도 않고 지지해야겠다고 생각했다. 상하이에서 한국으로 돌아오면서 안민석 의원같이 교육에 전력을 다하는 사람이 있는 곳이라면 좋은 교육을 할 수 있겠다는 생각을 하고 이전 근무하던 학교를 그만두고 오산으로 와서 오산 교육 발전에 대해 안민석 의원과 꾸준히 협의했다.

오산시에 특성화고를 설립해야 한다는 의견은 오랫동안 꾸준히 논의되어 왔는데 경기도교육청의 자체투자심사위원회가 특성화고 학생들의 수요를 문제 삼아 해결책을 찾지 못하고 난관에 봉착해 있었다. 이런 와중에 2019년 초에 안민석 의원이 미래 산업 시대에 필요한 AI 관련 특성화고 설립을 추진해 보자고 제안해서 설립 준비팀을 구성하고 활동을 시작하였다. 그러나 전국 특성화고가 지원자 미달 사태를 겪고 있는 상황에서 중소 도시인 오산에 특성화고를 설립한다는 것은 현실적으로 명분이 부족했다. AI 교육이 미래 산업에 꼭 필요하다는 명분이 가장 설득력을 가질 수 있는 부분이었지만, 교육도 경제 논리를 먼저 따지는 우리나라 현실에서는 경기도교육청부터 설득해야 하는 만만치 않은 도전이었다.

먼저 해결해야 할 경기도교육청 설득 문제를 안민석 의원이 이재정 경기도교육감과 조찬 회동을 통해서 해결하였다. 2019년 11월 21일 아침 7시 30분에 수원에서 안민석 의원이 이재정 교육감을 설득한 결과, 교육감이 AI 특성화고 설립을 적극적으로 지원해 주기로 약속하였다. 나도 그 자리에 배석했는데 교

▲ 이재정 경기도교육감과 조찬 회동, 2019. 11. 21.

육감은 AI 특성화고를 거점으로 오산 전체를 AI 교육지구로 만들면 좋겠다는 더 큰 제안을 하였다. 큰 산을 하나 넘었기에 준비팀을 본격적으로 가동할 수 있었다.

안민석 의원실, 경기도교육청, 화성오산교육지원청, 오산교육재단, 오산시 담당자들로 구성된 세교소프트웨어고(가칭) 설립 준비팀은 정기적인 회의를 가지며 교육과정, 산업 구조 분석, 학생 수요 분석, 지역사회 연계 방안 등에 대해 자료를 수집하고 협의해서 경기도교육청 자체투자심사위원회와 교육부 중앙투자심사에 대비하였다.

2020년 4월에 세교소프트웨어고(가칭) 설립을 위한 최초 교육부 중앙투자심사에서 사전 절차 미이행을 이유로 반려된 것을 시작으로 재검토, 반려 등의 이유로 세 번 탈락하고 네 번째에 가까스로 통과하였다. 재검토나 반려의 사유로는 준비팀이 예상하고 준비한 특성화된 교육과정, 신입생 수요 문제, 재정 문제, 지역 연계 문제 등이었는데 실제적인 원인은 신입생 수요 문제가 가장 큰 것이었다고 생각한다. 승인해 주지 않겠다는 심사위원들의 의지가 강하게 반영되었을 것이다.

2022년 1월, 마지막이라고 생각하고 도전한 교육부 중앙투자심사를 3전 4기로 통과하는 과정에서 국회 교육위원회 소속으로 활동하고 있는 안민석 의원의 교육부를 설득한 역할이 절대적이었다. 오산의 지리적 위치를 강점으로 경기 남부 특성화고 수요가 충분하다는 점과 오산 주변에 있는 삼성, LG, 하이닉스, 기아자동차, 쌍용자동차 등 대기업에 취업할 수 있는 여건이 충분하다는 조건 등에 대해 안민석 의원과 경기도교육청 담당 과장이 여러 차례 협의하고 이를 교육부에 전달하고 반영된 결과로 세교소프트웨어고(가칭) 설립 심사에 통과한 것이다. 세 가지 조건이 달려 있기는 하지만 개교를 준비하는 과정에서 해결할 수 있는 문제이기 때문에 사실상 확정된 결과이고, 교육부에서도 개교 이후에 확인할 사항이다.

안민석 의원은 오산 교육의 최고의 강점은 대한민국에서 지역과 학교의 벽이 가장 낮은 것이라서 생존수영과 통기타의 신화를 창조할 수 있었다고 항상 말한다. 교육청과 지자체의 만남이라는 어색한 조합을 연결하여 협업 체계로 발전할 수 있도록 중간 역할을 안민석 의원이 해낸 덕분이다. 이것이 오산이 전국 최고의 교육 도시로서 평가받는 밑거름이 되었다. 전국의 많은 지자체와 교육청에서 오산을 벤치마킹하려고 하는 부분도 지역과 학교의 성공적인 협업이다.

안민석 의원은 교육을 교육 자체로만 바라보지 않고 시대 변화와 연계하여 오산 학생들을 역량 있는 미래 인재로 육성하려고 AI와 반도체에 관심을 가지고 국회에서 포럼을 열기도 하고,

▲ 오산 학생들과 서울대학교 AI 연구원 견학, 2019.

본인이 직접 전문가 포럼에 참가하여 배우기에 힘쓴다. 나도 안 의원과 여러 번 포럼과 연구 발표회에 같이 참여하기도 했는데, 남들이 인정을 해주든 해주지 않든 상관하지 않고 필요한 일에는 정치인으로서 보기 드물게 열정을 보이는 면이 존경할 만하다.

안민석 의원은 교육 도시 오산의 저력을 바탕으로 한 걸음 더 나아가 미래 산업의 핵심인 AI 교육을 통해 오산을 대한민국 4차 산업의 요람으로 발전시키고자 하는 꿈을 실행에 옮기고 있다.

AI 특성화고에서 4차 산업 관련 지역 인재를 양성하고, 운암뜰을 개발 중심이 아닌 4차 산업과 연관된 고부가가치 산업 단지로 개발하여 지역 경제를 살리고 청년들을 위한 양질의 일자리를 창출하고자 하는 안민석 의원의 디테일한 청사진이 반드시 이루어질 것으로 기대한다.

지역이 발전하기 위해서는 경험이 풍부하고 영향력이 큰 정치인이 필요하다. 나라의 부조리와 부패를 끈질긴 집념으로 파헤쳐 위태로운 국가 근간을 바로잡은 살신성인의 정치인 안민석 의원이 앞으로 국가와 오산을 위해 더 큰 정치를 할 것으로 기대하고 힘차게 응원한다.

조기봉
前 오산교육재단 상임이사
前 대통령직속 국가교육회의 전문위원

오산을 대한민국
생존수영 메카로

오산시 운천초등학교 교장으로 재직하고 있던 2012년 3월 어느 날, 안민석 의원이 예고 없이 교장실로 내방하였다. 서로 인사를 나눌 겨를도 없이 소파에 털썩 주저앉았다. 평소와 다른 안 의원의 모습에 나는 그냥 주시할 수밖에 없었다. 안민석 의원은 깊은 한숨을 지은 후, 나와 이런 대화를 나눴다.

"이제 그만 포기해야 할 것 같습니다."

"무엇을 포기해야 한다는 말입니까?"

"오산시의 수영 교육입니다."

"왜요?"

"나의 수영 교육에 대한 취지와 방법론에 호응하는 사람이 아무도 없습니다."

나는 그간 안 의원이 오산시의 초·중학교 모두가 참여하는 수영 교육을 꿈꾸어 왔고, 그의 실현을 위해 헌신하고 있음을 잘 알고 있었기에, 그가 느꼈을 실망감을 짐작할 수 있었다. 잠시 침묵이 흐른 후, 나는 이렇게 말했다.

"의원님! 수영 교육, 한번 해 보죠. 내가 먼저 시도해 보겠습니다."

"그래요? 어떻게요?"

"일단 내게 맡겨주시면 방법을 구안하여 말씀드리겠습니다."

이렇듯 내가 자신 있게 말할 수 있었던 것은 두 가지 이유가 있다. 첫째, 수영 교육은 당시 초등학교 교육과정 운영에서 가장 취약한 분야로 남아 있었기에 언젠가는 극복해야 할 과제였다는 점. 둘째, 최상의 수영 교육 여건을 갖추고 있는 스포츠센터가 학교로부터 도보로 10여 분 거리에 있었기 때문이었다.

나는 이웃 화성초등학교와 운산초등학교를 참여시키기로 하고, 이들 학교 교장과 협의한 결과 동의를 이끌어 냈다. 3학년을 대상으로 40시간을 이수하기로 하였다. 거리상 차량으로 이동해야 하고 규모가 작은 화성초등학교가 4월에, 도보 이동이 가능한 운천초등학교가 5, 6월에, 그리고 운산초등학교가 9, 10월에 시행하기로 하였다. 먼저 시행한 화성초등학교는 수업을 성공적으로 마칠 수 있었다. 학급당 학생이 소수여서 수영 지도 강사들에게도 유익한 경험이 되었다.

운천초등학교는 3학년 학부모를 대상으로 자원봉사단을 구성하여 학생들의 안전한 이동에 대비하였다. 그런데 학부모들의 반응이 가히 폭발적이었다. 학부모들 자신이 수영 교육을 받는 것처럼 즐거워하며 학생들과 함께하였다. 결과는 성공적이었다. 3학년 학생들과 담임 교사들, 그리고, 학부모들은 함께 성취감을 만끽하였다.

이후, 오산시 수영 교육은 모든 초등학교 참가로, 유치원을 중심으로 하는 유아 참가로, 그리고 중학교까지 점진적으로 확대 시행되었다. 결과 또한 성공적이었다.

이 과정에서 2013년 11월에는 안민석 의원실 주최로 '제1회 수영 교육 콘퍼런스'가 개최되었다. 콘퍼런스는 실천가 그룹, 전문가 그룹, 지원자 그룹이 함께함으로써 지역사회에 수영 교육의 당위성을 확산하고 저변을 확대하는 데에 크게 기여하였다. 주최자인 안민석 의원은 동료 국회의원들과 시·도 교육감, 지방자치단체장들의 참여를 권장함으로써 수영 교육의 전국화를 위한 노력을 이어갔다. 나는 2015년 제3회와 2016년 제4회 콘퍼런스의 준비위원장을 맡아 또 다른 보람과 함께할 수 있었다. 특히, 제3회 콘퍼런스에는 당시 이준식 부총리 겸 교육부 장관이 참석, 수영 교육을 전국 유·초·중학교에 확대 시행하는 방안을 협의하였다. 제4회 콘퍼런스에는 당시 정세균 국회의장이 참관, 전 국민 생존수영의 확산에 국회가 함께하기로 하였다. 이때는 세월호 참사가 있었던 해였기에 그 의미는 각별할 수밖에 없었다.

또한 안민석 의원이 주축이 되어 수영교육연구회가 조직되었다. 연구회에는 전국의 수영 교육 전문가와 실천가, 그리고 지원자 그룹이 함께함으로써 수영 교육의 체계적인 연구와 전국화 내지는 저변을 넓혀가는 데 선도적 역할을 하였다.

▲ 제6회 수영 콘퍼런스 및 무지개 수영 참관, 2018.

이러한 수영 교육 즉, '교육 수영'과 '생존수영'의 성공 사례의 중심에는 언제나 안민석 의원이 함께하였다. 때로는 앞에서 선도적으로, 때로는 뒤에서 후원자로서 정성과 열정을 보탰다. 그리해 오산시에서 출발한 교육 수영이 전 국민 생존수영으로 진화하여 대한민국의 새로운 '교육·생존수영 모델'로 자리매김하게 되었다. 이는 분명 정책 중심 의정 활동의 '만점 수범 사례'라 할 수 있기에 힘찬 박수를 보낸다.

고일석
前 오산시 운천초등학교 교장
前 오산시혁신교육지원센터 센터장

열정으로 이룬
통기타의 꿈

2015년 가을, 임현진 서울대 사회학과 교수로부터 전화가 왔다. 더불어민주당 안민석 의원이 전화할 테니 잘 좀 도와주도록 부탁하였다. 안 의원이 유학 가기 전 임 교수에게 사회학을 배웠고, 안 의원이 교수 시절엔 임 교수와 공동으로 책을 쓴 각별한 사이라고만 했다. 임 교수는 대학 시절부터 나와 호형호제하는 사이라서 도와주겠다고 하며 전화를 끊었지만 한편으로 걱정이 되었다. 기업인 입장에서 야당 의원의 부탁을 들어주는 것이 부담되었기 때문이다. 도대체 안 의원이 악기회사 회장인 나에게 무슨 부탁을 하려는 걸까? 그러나 임 교수의 부탁인지라 일단 만나서 얘기부터 들어 보기로 하고 무거운 마음으로 안민석 의원을 만났다.

다소 긴장하는 나에게 안 의원은 간절한 목소리로 "회장님, 저에게 한 가지 꿈이 있습니다." 하길래, 내가 "뭡니까?"라며 반문했다. 안 의원은 "오산의 아이들이 맑은 물이 흐르는 오산천에서 통기타 합주를 하는 꿈입니다. 1천 명의 학생들이 청명한 봄과 가을에 오산천에서 기타를 연주하는 꿈입니다. 기타 1,000대가 필요하니 삼익악기에서 도와주십시오."라며 놀라운 요구를 했다.

처음 보는 기업인에게 무리한 요구였지만 나는 얼마나 흥분했는지 모른다. 내가 평생 간직한 꿈이었기 때문이다. 지난 시절 몇 군데 지자체와 교육청에 악기를 무상으로 제공하면서까지 악기 교육을 위해 노력했지만 번번이 허사였다. 그런데 3선 중진 국회의원이 도와 달라며 나에게 간절히 부탁하니 오히려 고마운 생각이 들었다.

나는 즉시 "나도 그런 꿈을 꾸어 왔습니다. 안 의원의 꿈이 나의 꿈입니다, 도와드리겠습니다. 제 꿈을 오산에서 이루고 싶습니다. 그런데 어떻게 도와드리죠?"

"기타 1,000대를 오산 아이들을 위해 무상으로 기증해 주시면 회장님의 꿈을 이루어 드리겠습니다."

"네, 그렇게 하겠습니다. 제 꿈을 꼭 이루어 주십시오."

첫 만남에 안 의원과 나는 통기타로 의기투합하였다. 이듬해 나는 약속대로 오산시에 통기타를 기부했고 오산의 6학년 학생들 전원이 정규 수업에 통기타를 배웠다. 사람이 평생 즐길 수 있는 악기 하나쯤은 학교에서 가르쳐야 한다는 나의 평소 지론이 오산에서 제대로 실천되니 뿌듯했다. 또 인성 교육은 예술과 체육을 통해 이루어지므로 아이들은 통기타 수업을 하며 자존감을 높이고 협동심을 배울 수 있다. 통기타로 왕따 없는 교실이 만들어지고 교사도 아이들과 함께 배우니 사제지간의 정도 통기타를 통해 두터워진다. 갈수록 삭막해지는 교육 현장에서 통기타는 단순한 악기 기능 취득을 넘어 아이들과 아이들, 교사와 학생 사이에 소통의 수단으로 매우 효과적이다.

통기타는 다른 악기에 비해 배우기 쉬워 평생 즐기는 악기로서 최적이다. 악기 하나 제대로 다루지 못하는 대한민국 교육 현실을 누구나 인정하고 걱정하지만 아무도 해결하지 못했다. 역대 정부 대통령과 교육부 장관은 항상 교육을 고치겠다고 호언했지만 성공한 적이 없고, 교육은 갈수록 곪아가고 있다. 오산이라는 작은 도시에서 보여준 통기타 교육의 성공 사례는, 음악 교육이 타 도시에서도 얼마든지 가능하며 단지 상상을 현실로 만드는 열정과 능력에 달려 있다는 사실을 보여준다.

오산에서 6학년 통기타 수업의 성과가 분명하고 교사, 학생,

학부모의 요청으로 2018년부터 5학년도 통기타 수업을 했다. 오산의 모든 5, 6학년 학생들은 정규 수업 시간에 통기타를 배우고 있다. 얼마나 감격스러운가? 초등학교를 오산에서 다닌 모든 아이들이 1인 1악기로 통기타를 칠 수 있다니! 내 꿈이 오산에서 이루어졌다. 안 의원을 포함하여 관계자 여러분께 감사드린다.

안 의원은 오산의 통기타 교육을 전국으로 확산하고 싶다며 2018년 초 김상곤 교육부 장관과의 만남을 주선했다. 안 의원과 나는 교육부 장관에게 악기 교육의 필요성과 효과를 설명하며 설득했다. 김상곤 교육부 장관 역시 관심과 의지를 표명하였지만 실현되지 못해 아쉽다. 전국 최초로 오산에서 시작한 생존수영을 교육부가 전국적으로 확대했듯이, 오산에서 성공한 악기 교육을 교육부 정책으로 담아내길 여전히 소망한다. 우리나라 공교육이 주지 교과와 입시 교육에만 치중한 탓에 학생들의 문예체 교육이 소홀해진 뿌리 깊은 교육 문제를 한 정치인이 앞장서 대안적 실천을 하고 성공하였다. 그래서 나는 기업인 이전에 기성세대의 한 사람으로서 안민석 의원을 아끼고 사랑한다.

생존수영 창시자이자 전도사로 헌신한 안 의원의 역할로 생존수영이 교육부에 의해 전국 초등학교 정식 교과로 채택되어 실시하고 있듯, 지금은 통기타 교육의 창시자이자 전도사로 열심히 뛰고 있는 안 의원을 보며 참 특별한 정치인이라는 생각이 든다. 그는 생존수영 전도사 시절처럼 국정 감사장에서 오산 아이들의 통기타 수업을 소개하며 장관과 교육감들에게 정책 제안을 하였다. 동료 의원들에게도 권하고 있다. 말로는 누구나 찬동하지만 누구도 실천하지 않아 안 의원은 답답해하였다.

▲ 이주호 교육부 장관과 전국 최초 오산 원동초 통기타 수업 참관, 2023.

그런데 올해부터 꿈틀거리기 시작했다. 전남 광양 구례 출신의 서동용 의원이 지역 주민과 교육장을 모시고 오산을 방문하여 통기타 수업을 접한 후 감동받아 올해부터 광양에서 통기타 교육을 시작하였다. 광양에서 오산까지 버스를 대절해서 찾을 만큼 통기타 교육에 대한 관심과 진정성이 느껴졌다. 통기타보다 인성 교육과 참교육에 대한 실천 의지였을 것이다. 안 의원의 소개로 서동용 의원을 함께 만났을 때 서 의원은 "오산처럼 하고 싶다."라고 했고 나도 쾌히 도와주겠다고 화답했다. 오산과 광양의 통기타 교육이 하루빨리 전국으로 확산되길 바란다. 안민석, 서동용 의원처럼 더 많은 정치인들이 아이들이 행복한 나라를 위해 열정과 헌신을 불태우길 기대한다.

최근에는 이주호 교육부 장관이 오산의 통기타 수업을 참관했다며 안 의원은 오산 아이들이 뿌린 통기타 수업의 민들레 꽃씨가 수영처럼 전국으로 퍼지는 기대를 하고 있다. 안민석이라는 한 정치인의 노력으로 누구도 상상하지 못했던 생존수영을 아이들이 배우고 있듯이, 우리나라 모든 아이들이 통기타를 배우며 즐길 수 있길 소망한다.

김종섭
삼익악기 회장
서울대총동창회장

죽미령 평화공원과
안민석

안민석 의원님, 안녕하십니까? 김창준입니다.

날이 제법 무더워지는 요즘입니다. 그동안 잘 지냈는지요?

제가 안 의원님과 이렇게 인연이 닿은 지도 올해로 10년이 되었습니다. 2011년 한국으로 귀국하기 전까지, 한미(韓美)를 오가며 한평생 수많은 인연들을 만나 왔지만 안 의원님과의 만남은 어쩌면 필연이었는지도 모르겠습니다. 평화라는 이름으로 시작되었던 우리의 인연을 떠올리며 몇 자 적어봅니다.

지금으로부터 10년 전, 당시 안민석 의원님으로부터 오산 죽미령이 간직하고 있던 가슴 아픈 사연을 듣게 되었습니다.

1950년 한국전쟁 당시 UN군과 북한군의 첫 전투가 벌어졌던 역사적인 장소가 바로 죽미령이라 불리는 곳이라 하더군요. 이곳에서 미(美) 스미스 특수 부대 장병 540명이 참전해 181명의 전사자와 부상자가 발생했고, 이들의 고귀한 희생으로 북한군의 남하를 지연시키고, 낙동강 방어 전선을 구축할 수 있었다고 들었습니다. 또 패한 전투로 기록은 되었지만 역사적 의의가 있었기에 전쟁이 끝난 지 29년이 되던 해인 지난 1982년, 오산시가 UN군 초전비를 세워 이를 기리기로 했다는 것도 알게 됐지요.

하지만, 세월이 흘러 2014년에 마주한 죽미령의 현실은 너무나도 초라하였습니다. 죽미령 전투에서 장렬히 전사한 미 장병들의 숭고한 희생이 무색하리만큼 방치가 되어 있던 것이지요. 안 의원님, '역사를 잊은 민족에게 미래는 없다.'라는 말을 잘 아실 겁니다. 저는 죽미령이 한국전쟁을 직접 겪은 세대들만의 가슴 아픈 추억이 될지도 모른다는 생각에 가만히 보고 있을 수만은 없었습니다. 역사를 잊지 않기 위해 움직여야만 했습니다.

그래서 2014년 오산시와 함께 큰 희생을 치르며 평화를 위해 싸운 젊은 병사들을 위한 평화공원을 조성하기로 하였고, 이에 안 의원님과 제가 뜻을 같이 하게 되었지요. 이것이 저와 안 의원님 인연의 시작이었습니다. 바로, 평화가 맺어준 인연이지요.

평화공원 조성 사업을 위해 의기투합한 우리는 백방으로 노력을 기울였습니다. 죽미령 유엔초전 기념 평화공원 추진위원회를 출범하여 공동위원장으로 안 의원님과 제가 선임이 되었고, 토론회 등을 통해 구체적인 실현 방안을 공유했지요. 그리고 안 의원님은 죽미령 유엔초전 미군추모 평화공원 조성 촉구 결의안을 대표 발의하여 정부 지원을 촉구하였고, 당시 여야 의원들이 한마음 한뜻으로 결의안에 동참해 주었습니다. 또 평화공원을 조성하려 했던 부지가 국방부 소유였던 터라 고심했습니다만, 안 의원님께서 이 부지 문제 해결을 위해 국방부와 업무 협약을 체결하는 등 적극적으로 노력을 해주었죠. 이뿐만이 아니라 도비와 국비 확보에도 힘을 쏟아주었습니다.

그사이 저는 오산시의 평화공원 조성 사업을 미국 뉴스로도 알렸습니다. '잊혀진 전쟁'으로 불리는 한국전쟁에 대한 의의와 평화의 중요성을 한국뿐만 아니라 전 세계에 알리는 계기가 되었지요. 그리고 미국 내 참전 용사와 그 가족들로부터 죽미령 전투와 관련한 전쟁 사료를 모으기 시작해, UN군 참전 용사들

▲ 죽미령 유엔초전 미군추모 평화공원 조성 촉구 결의안 통과 기념, 2015. 8. 11.

의 소장 유물 28점을 수집했습니다. 수집한 모든 정보와 유물들은 오산시에 기증하였고요. 또한 미 의회에서 유일한 한국전쟁 참전 용사 출신인 찰스 랭글 연방 하원의원에게 오산시의 평화공원 건립 사업의 의미와 중요성을 잘 전달하여 미 의회 공식 문건인 의사록(Congressional Record)에 남길 수 있도록 했지요. 그때 당시 미 의회에서 많은 관심과 지지를 받았고, 이는 한국 정부에까지도 전달이 되었습니다.

안 의원님과 저를 비롯한 국내외 수많은 사람들의 노고로, 2020년 7월 5일 오산 죽미령 평화공원이 정식 개장하였습니다. '평화'라는 이름으로 안 의원님과 뜻을 같이한 지 7년 만에 맺은 결실이었습니다. 참으로 뿌듯한 일이 아닐 수 없습니다.

　오늘도 죽미령 평화공원에는 오산 시민들뿐만 아니라 전국의 방문객들과 외국인들이 찾아와 주고 있습니다. 그리고 감사와 추모의 의미를 넘어서 평화적인 미래로 나아갈 때 희생의 가치가 빛이 난다는 걸 일깨워 주고 있습니다. 그렇기에 앞으로도 많은 분들이 이 공원을 방문해 주셨으면 하는 바람입니다.

　안 의원님, 세계에서 유일하게 분단국가인 대한민국에서 '평화'라는 이름으로 뜻을 같이하였던 우리의 지난날을 추억해 보았습니다. 돌이켜 보니 쉽지만은 않았습니다. 다만 우리가 함께였기에 가능한 순간들이 퍼즐 조각처럼 모여 죽미령 평화공원이라는 큰 그림을 만들어 낼 수 있었습니다. 어쩌면 안 의원님과의 진짜 인연은 지금부터가 시작인지도 모릅니다. 우리의 남은 세월이 앞으로 대한민국의 더 나은 미래를 가져올 수 있기를 소망합니다. 함께 또 나아가 봅시다.

김창준

前 미국 연방 하원의원

5급수 오산천이
수달이 돌아온 하천으로

경기도 남부의 안성천, 오산천, 황구지천, 진위천 등의 여러 하천으로 이루어진 안성천 수계는 한반도 중서부의 대표적인 국가 하천으로 남한에서 7번째로 긴 하천이다. 하천의 유역 면적은 1,654.7㎢에 이른다. 그러므로 주변의 용인, 오산, 안성, 평택에 거주하는 주민들의 생활 및 자연환경에 중대한 영향을 미치는 수생태계를 형성한다. 안성평야와 같이 넓은 농경지의 농업용수 활용을 비롯하여 지역민들의 생활용수 공급 및 산재하는 공업용수 등으로 수자원 활용도가 높은 하천이다.

하천의 수변부를 따라 자연적으로 형성되는 수변 녹지는 경관 조성 및 방재 기능을 비롯하여 자연환경 보전과 생태계 네트워크 역할을 하는 자연 녹지이다. 나는 1988년 9월 1일 중앙대학교 교수로 부임한 이래 안성천 수계의 생태 환경과 식생 구조 연구를 지속적으로 수행한 바 있다. 식물생리생태학을 전공한 나는 수업이 없는 날이면 학생들과 함께 모기와 각종 해충이 들끓는 하천의 풀밭에서 식생 조사를 하였다. 특히 오산시를 관통하여 흐르는 대표적인 도시 하천인 오산천 생태계에 대한 관심이 높았다.

오산천은 일반적인 하천 환경과는 달리 상, 하류의 구분이 어렵고 발원지인 기흥저수지의 수문 개폐와 방류 여부에 따라 하천 수위 및 유량, 토양 건습 등의 물리적인 환경이 통제되는 특이한 조건의 하천이었다. 이와 같은 하천 환경에서 나타나는 특이 식생을 기대하며 오산천의 식생을 조사하였다. 나의 연구에서 오산천 수변부의 식물상은 35과 54속 79종 12변종의 총 91분류군으로 조사되었고, 이를 근거로 산출한 도시화 지수는 5.4%로 전형적인 도시 하천의 양상을 나타내었다. 또한 갈대 군락, 환삼덩굴 군락, 줄 군락, 고마리 군락, 물억새 군락, 돌피 군락, 부들 군락, 강아지풀 군락 등의 8군락 단위를 식별하였다.

경기도 남부 주요 하천에 대한 세밀한 식생 조사를 수행하던 중 1998년에 발족한 경기도 지방의제 21 추진협의회에 부위원장으로 참여하게 되었다. 지방의제 21은 시민이 주도하여 관과 협력하여 해당 지역의 환경 개선을 위한 지역사회운동이다. 자연스럽게 경기도 내 중소 도시의 자발적인 환경 단체들과 함께 지역의 환경 현안에 대해 토론하고 참여하게 되었다.

이 과정에서 운명적으로 현재의 안민석 의원을 만나게 되었다. 당시 그는 지역사회의 환경 문제에 관심이 높아 오산환경운동연합을 태동시키기 위해 동분서주하던 중이었다. 무엇보다 내가 재직하고 있는 중앙대학교에 함께 근무하는 동료 교수였다는 점이 서로가 쉽게 다가갈 수 있었던 요인이기도 하였다. 처음 만난 이튿날 당장 함께 오산천으로 향하였고, 현지에서 당시 서울지방국토관리청 주도의 하천 환경 정비 사업 진행 현장을 둘러보았다. 1996년부터 건설교통부(현 국토교통부) 사업으로 진행되어 온 오산천 하천 환경 관리 계획에 의해 자연형 하천으로의 복원 공사가 한창 진행되고 있었다. 호안 공사를 비롯하여 어도, 징검다리, 여울, 자연 낙차공, 수생 식물 식재 공사가 이루어졌다.

현장의 공사 실무자를 끈질기게 쫓아다니며 "무늬만 자연형 하천이 되어서는 안 된다."라고 강조하던 당시의 안민석 교수에게 나는 감동하였다. 결국 안민석 의원과 나는 서로의 학교

연구실과 오산천변에서 밤늦도록 자연환경과 생태에 대해 토론을 하며 의견을 나누었다. 이전까지 내가 알고 있었던 안민석 교수는 교내에서도 유난히 연구를 열심히 하는 뛰어난 스포츠사회학자였다. 이를 뒷받침할 수 있는, 내게 건네주었던 그의 스포츠사회학 저서는 지금도 나의 장서 한쪽에 잘 꽂혀 있다. 그의 오산천에 대한 관심과 애착은 특별하였고, 오산 시민을 위한 오산천의 최적 환경 개선은 자신의 역할이라 강조하였다. 아마 이와 같은 그의 모든 생각들이 오늘날의 안민석 의원을 이루게 했을 것으로 추측해 본다.

근자에 다시 한번 오산천에 대한 그의 관심을 확인할 기회가

▼ 오산천 전경

있었다. 작년 초여름 어느 날, 느닷없이 걸려 온 안민석 의원으로부터의 전화에 깜짝 놀랐다. 장마로 인해 오산천 일부 구간이 범람하여, 잘 가꾸어 놓은 인공 녹지가 유실되었고 자연도가 높은 수변 식생 군락이 훼손되었다는 것이다. 만사 제쳐두고 다음 날 당장 현장을 방문하여 확인하자고 하였다. 덕분에 오랜만에 오산천을 함께 산책하며 여러 근황을 들을 수 있는 기회도 가질 수 있었다.

개인적인 견해로, 안민석 의원에 대해, 단순히 뛰어난 정치가로만 바라봐서는 부족하다고 생각한다. 그는 끊임없는 자기 성찰과 배움을 통해 다양한 분야에서 전문가 이상의 이론을 구사하는 경우를 종종 보았다. 특히 그가 관심이 높은 오산천의 환경과 보전에 대해서만은 때로 전문가도 혀를 내두를 정도로 정확한 진단과 기발한 아이디어를 내어놓는다.

오산천 환경이라는 주제를 통해 안민석 의원을 만난 지도 어느덧 20년 이상의 긴 세월이 흘렀다. 앞으로 다가올 20년 후에도 오산천의 환경과 시민들의 행복을 위해 땀 흘려 봉사하는 안민석 의원을 볼 수 있기를 기대해 본다.

안영희
중앙대학교 교수
한국환경생태학회 명예회장

시민회관을
오색문화체육센터로

대학에서 1학기 강의가 끝날 즈음 해외로 여름휴가를 계획하고 있던 2014년 6월 초로 기억된다. 안민석 의원이 나에게 국회의원 보좌관 자리를 맡아 함께하자는 황당하고 갑작스러운 제안을 했다. 안민석 선배는 형의 친구이지만, 어릴 적부터 정치에 큰 관심이 있던 나는 안민석 선배를 롤 모델로 삼고 보다 훌륭한 정치인이 되기 위해 열심히 공부하고 준비하고 있었다. 그런 상황에서 안민석 의원의 보좌관 자리를 제안받아 4년 6개월 동안 함께했으니 큰 인연인 듯하다.

"정의와 정직성, 특히 부패하지 않는 공직자와 정치인이 많아져야 우리 사회가 더욱 발전될 것이다."라고 학생들에게 행정학과 정책학을 강의할 때 항상 얘기했다. 그래서 나는 정의롭고 정직한 정치인, 안민석 국회의원과 같은 정치인이 최소 5명이 필요하고, 그 5명이 대한민국을 이끌면 정치가 더 깨끗할 것이라는 생각으로 열심히 보좌관 생활을 하게 되었다. 나의 보좌관 시절 안민석 의원은 대한민국 1년 예산 약 400조를 심의하는 국회 예산결산특별위원회 야당 간사라는 중책을 맡았다. 지방자치 재정에 대한 관심을 가지고 박사학위를 받았던 나로서는 국가 예산을 볼 수 있는 좋은 기회가 생기게 된 것이다.

예결위 간사 활동을 하던 어느 여름날 바람도 쐬고 이야기도 나눌 겸 안민석 의원과 나는 A 향우회 여름 단합 대회 장소로 가기로 하였다. 안민석 의원의 일정에 매일 동고동락하는 L 실장에게 휴식을 취하라고 하고 나의 차로 내가 운전하며 함께 갔다. 안민석 의원은 다른 사람의 차에 탈 때 절대 뒷좌석에 타지 않고 항상 조수석에 앉는다. 그러한 것이 몸에 배었고 그것이 상대방에 대한 예의라고 생각하는 털털한 사람이다. 그래서 안민석 의원을 형이고 선배라고 편하게 여겼다.

단합 대회 장소로 가는 차 안에서 이러저러한 대화를 나누다가, 안민석 의원이 내게 "김박! 오산에 뭐가 제일 필요할까? 오산 시민들께서 제일 시급하고 중요한 1순위는 무엇이라고 생각할까?"라고 물어보았다. 나는 1초의 망설임 없이 "시민회관 재건축입니다. 시민회관을 철거하고 문화와 체육이 들어 있는 시설을 만들어야 합니다. 시민회관이 오래되어 행사할 때도 마이크 울림이 심하여 잘 듣지도 못하고 주차도 아주 불편합니다. 오산천과 어우러진 문화와 체육을 함께하는 공간으로 만들어 보시죠."라고 답했다. 나는 평상시에도 시민회관 재건축을 해야 한다고 생각했기 때문이었다.

내 말을 들은 안민석 의원은 너무 좋다고 하며 진행해 보겠다고 하고는 결국 그해 관련 예산으로 국비 약 200억을 확보했다. 드디어 오산의 랜드마크가 탄생하는 계기가 된 것이다. 역사는 이러한 과정을 가지고 태어나는 듯하다. 시민회관 철거 후 재건축은 오산의 큰 역사일 것이다.

안민석 의원은 아랫사람의 이야기를 잘 경청하는 사람이다. 회의나 티타임 시 보좌진 의견에 항상 귀 기울여 주는 사람이다. 그러니 오산에서 5선을 했을 것이다. 예전에 국회 보좌진 사이에 떠도는 일화를 소개하자면 "300명의 국회의원실 중에 안민석 방에 가면 죽는다. 그만큼 일이 많다. 심지어 뼈다귀 부러진다."라고 했으니 보좌진으로서 일하기 제일 힘든 방이라고 할 수도 있다. 하지만 안민석 의원실의 보좌진들이 10년 이상 함께하는 것은 안민석 의원의 인간미와 정의감, 보좌진들의 실수를 국회의원 실수로 인정하는 의리 있고 착한 마음 때문일 것이다.

시민회관 건축은 약 400억 예산이 확보됨과 동시에 어떻게 하면 문화와 체육이 잘 조화된 공간으로 만들 수 있을까 논의하는 과정이 진행되었다. 선진국형인 일본의 스포츠 문화 시설을 견학하기로 하고 국회의원, 시장, 의장, 문화원장, 체육 관계자 등이 함께 다녀오기도 하였다.

▲ 오산 오색문화체육센터 전경

시민회관은 우여곡절 끝에 2021년 오색문화체육센터로 준공

되었다. 이곳이 오산의 문화, 체육, 예술 등이 어우러지는 오산 시민의 요람이 되기를 진심으로 바라며, 이 센터는 오산의 큰 정치인, 의지가 강한 정치인이 시작하여 탄생되었다.

민석 형! 고생하셨습니다. 형의 의지와 정직함을 배웠기에 저도 꾸준히 실천해 나가며 살겠습니다. 이제 오산의 정치인을 넘어 대한민국의 정치인으로 달려가시길 진심으로 바랍니다. 그 길에 부족하지만 열심히 함께하겠습니다.

김회웅
행정학박사
前 안민석 의원 보좌관

대한민국 1호 자율형 공립고
세마고

2009년 12월, 오랜만에 오산고등학교 고승안 교장 선생님의 전화를 받았다.

"이건 선생 잘 지내지? 소개시켜 줄 사람이 있는데 오산에서 만납시다."

"예, 알겠습니다."

며칠 뒤 세마대 입구에 있는 식당에서 수수한 차림의 안민석 의원을 처음 만나게 되었다. 첫인상은 그동안 내가 만났던 국회의원들과 달리 권위적이지 않고 매우 친화적인 성품을 가진 사람으로 느껴졌고, 교육에 대한 사명감과 열정이 넘치는 모습에 호감이 갔다.

국회 교육위원회 간사로 있다고 하면서 당면한 교육 문제에 대해 많은 대화를 하며 서로 공감되는 부분이 많았다. 특히 오산은 교육 때문에 이사 가는 가정이 많다고 걱정하면서 오산의 교육을 발전시킬 수 있는 방안에 대하여 많은 의견을 나누었다. 대화의 말미에 안민석 의원이 말했다.

"내년 3월 오산에 자율형 공립고 세마고등학교가 개교하는데 선생님 같은 분이 오시면 좋겠습니다. 모레가 교장 공모 마감일인데 신청하시죠?"

"제가 둔포중학교에 임기가 남아 있고, 해야 할 일이 있어 어렵습니다. 오늘 만남은 감사했습니다."

식사를 마치고 주차장에서 안민석 의원이 자신의 이야기를 쓴 책이라며 『물향기 편지』를 꺼내어 사인을 해서 주었다.

집에 돌아와 『물향기 편지』를 다 읽고 안민석 의원의 오산 사랑에 대한 진정성과 열정

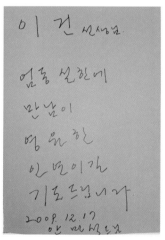

▲ 『물향기 편지』의 자필 사인

을 더욱 느낄 수 있었다. 기회가 된다면 이런 분이 있는 지역에서 교육 활동을 한다면 내가 꿈꾸고 지향했던 교육 발전을 위한

의미 있는 일을 할 수 있겠다는 생각이 들었다.

일주일이 지난 크리스마스 오후에 안민석 의원으로부터 연락을 받았다.

"이번 공모에 신청자가 없어 재공고 났습니다. 꼭 신청하시면 좋겠습니다."

"예, 한번 생각해 보겠습니다."

아산 둔포중학교는 아산테크노밸리 개발로 법인 토지가 100억 이상 보상을 받아 기숙형 중학교를 구상하고 있을 때라 주저하고 있었는데, 내 상황을 아시게 된 이사장님이 "이 교장이 하고 싶으면 공모 신청하세요, 안 되면 우리 학교에 계속 있으면 되지." 하셔서 감사한 마음으로 공모를 준비할 수 있었다.

세마고 학교 경영 계획서에 교육 공동체가 함께 만드는 학교를 목표로 학생 중심의 교육, 교육 공동체와 함께하는 학교, 인사 및 재정이 투명한 학교로 운영하고자 준비하여 공모에 임한 결과, 다수의 신청자 중에 세마고등학교 초대 교장으로 선정되었다.

학생 중심의 교육을 하고자 교훈, 교표, 교가, 교복을 모두 학생들에게 공모하였고, 학생들의 결정을 학교운영위원회에서 받아들이면서, 학생들이 우리 학교라는 인식으로 학교에 대한 자부심이 매우 높았다. 이것이 자발적 학교생활과 학업으로 이

미래를 준비하는 자유인 육성

안민석의원 초청 세마고등학교 학부모 간담회

2011년 7월 11일(월)   장소 : 본교 5층 음악실

▲ 세마고등학교 학부모 간담회, 2011. 7. 11.

어져 스스로 공부하는 학교로 성장할 수 있었다.

"교장 선생님, 학교에 필요한 것 있습니까?" 오산의 어느 학교에 가든 안민석 의원의 첫 질문이었다. 언제나 먼저 다가와 교육 현장의 어려움을 직접 보고 소통하고 진정성으로 받아 지원에 앞장섰다. 학교 경영은 학교 교육 공동체가 협의를 통해 결정하지만, 학교에서 할 수 없는 체육관 등 필요한 시설과 예산 등은 안민석 의원의 지원으로 해결할 수 있었다. 특히 오산에 자율형 공립고 세마고등학교를 유치하고, 기숙사 건립과 고속도로 방음벽 설치를 위해 불철주야 노력해 준 덕분에 학생들이 더 좋은 교육 환경에서 학업에 열중할 수 있었다.

"이건 선생님, 오산시가 혁신 교육지구로 선정되었는데, 오산시 혁신 교육의 방향과 운영을 위해 핀란드와 스웨덴 교육 탐방에 함께 가시죠?" 그저 형식적인 탐방이 아닐까 하는 나의 생각은 우려였고, 교육 탐방 내내 안민석 의원의 '협의와 질문'이 쉴 새 없이 이어졌다.

▲ 핀란드 혁신 교육 오산 탐방단, 2011. 1.

스웨덴 가는 비행기 뒤편에서 교육청 관계자, 초중고 교장 선생님과 교육 현안을 협의하였고, 시의원, 시청 담당 공무원과 행정 지원 협의를 이어갔다. 방문한 학교와 시설에서는 끊임없는 질문으로 안내 담당자를 놀라게 했다. 탐방을 마치고 버스에 타면 마이크를 잡고 한 사람씩 무엇을 보고, 어떻게 느꼈는지 물었다.

스톡홀름에서 발트해를 건너 헬싱키로 가는 대형 크루즈를 타자마자 안민석 의원이 물었다.

"이건 선생님, 선상에서 우리가 함께 협의나 토의를 할 수 있을까요?"

"예, 세미나실이 있네요, 준비해 보죠."

그리고 오산 혁신 교육지구 선정을 위해 필요한 내용을 5개 주제로 잡고, 4개 분임을 나눈 후 '선상 혁신 워크숍'을 3시간 진행하였다. 분임 발표 시 시청 주무관이 발표하는데, 보조자로 나와 발표지를 두 손 높이 들고 있는 안민석 의원의 모습에 오산 사랑과 혁신 교육의 의지를 볼 수 있었다. 교육 탐방 이후 서로 간의 신뢰가 쌓여 갔다.

21대 총선 마지막 유세 당일 오전에 안민석 의원의 전화를 받았다.

"선생님, 시간 되시면 오늘 유세 때 지지 발언해 주실 수 있나요?"

"예, 당연히 해야죠."

퇴임 후 정치 활동에 첫 연설이라 떨리는 마음으로 단상에 올랐다.

"지난 10년간 안민석 의원이 오산 교육을 어떻게 발전시켰는 가를 제 나름대로 3가지를 말하고자 합니다. 첫째는 교육 환경 의 개선, 둘째는 교육과정의 변화, 셋째는 교육 문화의 향상. 이 모든 것이 안민석 의원의 성실함, 정의로움, 오산의 미래를 준 비하는 마음 덕분입니다."라고 간곡히 호소하였다. 늘 그래 왔 듯이 안민석 의원이 오산 시민과 교육 발전을 위해 진행하는 일 들이 잘 완성되어, 오산을 위한 그의 열정이 더 지속되기를 기 대한다.

이건
세마고등학교 초대 교장

수능 고사장에서 만난
낯선 사람

    딸의 수능 시험 날 아침이었다. 이미 수시 전형으로 원하는 대학에 지원한 상태이지만 혹시 모를 변수를 생각하면 수능 시험도 중요했다. 시험이란 항상 긴장되는 마음이 들기에 나도 같이 떨리는 기분이었다. 아침 일찍 기숙사에 아이를 데리러 가서 고사장인 수원으로 출발했다. 오 분쯤 달렸을까.

    "엄마."
    "왜?"
    "수험표를 두고 왔어요."

    다행히 서둘러 출발한지라 크게 걱정하지 않고 차를 돌려 수험표를 찾으러 갔다. 잘 둔다고 챙기면 꼭 이런 일이 생기는 법. 불안해하는 아이를 다독이고 안전 운전하며 고사장으로 향했다. 고사장은 나의 모교였다. 3년 동안 나의 여고 시절 추억이 서린 곳에서 내 딸이 미래를 위한 열전을 치르게 된 것도 우연은 아니지 싶었다. 이제 곧 도착인데 마음이 급해서였는지 차선을 잘못 들었다. 이대로 가면 입실 시간에 늦을 수도 있겠다 싶어서 발만 동동 구르는데 앞에 교통경찰이 보였다. 운전석 문을 내리고 수험표를 흔들어 보였다. 눈치 빠른 교통경찰이 빠르게 오더니 고사장을 확인하고 순찰 오토바이에 경광등을 켜고 따라오라는 손짓을 했다. 공권력의 도움을 받아서 우리는 늦지 않게 정문에 도착할 수 있었다. 입실 시간이 촉박한 때라 그런지 다행히 주변에 주차는 여유로웠다. 뛰어서 정문까지 도착한 후 딸을 한 번 안아주고 '파이팅'을 크게 외쳐주었다. 아이는 전력 질주하듯 고사장으로 들어갔고 그 모습을 보며 '시험 잘 보게 해주세요.'라는 기도를 하고 출근을 서둘러야 하는 나도 차로 돌아왔다.

그런데, 아이에게 있어야 할 도시락 가방이 핸드백처럼 나의 어깨에 걸쳐져 있었다. 난리 났다. 도시락이 없으면 오후 늦게까지 견디기가 힘들 텐데…. 어쩌나 싶어서 다시 학교로 뛰어갔다. 정문은 이미 잠겼다. 사정을 얘기하는데 이미 입실 시간이라서 문을 열 수가 없다고 했다. 눈물이 났다. 도시락만 전해 주면 안 되느냐는 나의 사정이 먹히질 않는 상황에 내가 할 수 있는 일이 없었다. 발만 동동 구르는 그때였다.

"무슨 일 있으세요?"
"네, 아이 도시락을 전달하지 못했어요."
"저를 주세요. 제가 해 볼게요."

그분은 무슨 수가 있어서 잠긴 저 문을 통과할 수 있을까 생각을 다 하기도 전에, 아이 학교와 이름만 듣고 도시락을 낚아채듯 들고 달려가는 남자. 고맙다는 생각과 어라, 문이 열리네, 다행이다. 짧은 순간에 내 머릿속에 뒤죽박죽 여러 감정들이 얽히고 있었다. 오 분 남짓을 오 년인 양 기다렸다. 마침내 남자가 빈손으로 교문을 나서는 것을 보며 마음을 놓을 수 있었다.

"고맙습니다. 어떻게…. 저는 할 수 없었는데…."

남자는 미소 지으며 말했다.

"오산이 지역구인 안민석 의원입니다. 도와드릴 수 있어서 다행입니다."

국회의원, 그것도 우리 지역구 의원이라는데 난 그것도 몰라 먼저 인사도 못 했음이 미안했다. 그리고 고마웠다. 그는 오산 지역에 수능 고사장이 없어서 학생들이 힘들어하는 모습을 현장에서 확인했다며 내년부터는 오산에 수능 고사장을 배치할 수 있도록 노력하겠다고 말했다. 그렇게 생각지 못한 도움을 받고 딸은 무사히 수능을 마칠 수 있었다.

그리고 딸의 졸업식에서 다시 안 의원을 만났다. 내빈으로 참석한 그분에게 꼭 감사 인사를 전하고 싶어 찾아갔더니 다행히 딸을 기억하며 안부를 물었다. 그날의 감사한 마음과 아이의 진학 소식을 전할 때 자기 일처럼 기뻐해 주었다. 아이가 지역에서 배출한 큰 일꾼이 됐으면 좋겠다는 덕담을 건넸다. 그렇게 좋은 인연이 거기까지일 줄 알았다.

어느 날 포항공대에 다니는 딸과의 통화에서 오산고 출신 동문들을 위한 안 의원의 식사 초대가 있었다고 했다. 포항 일정 중에 특별히 지역 학생들을 챙겨준 응원 방문이었다. 아이들도 그런 초대는 처음이라서 놀랐다고, 고맙다고 했다. 지역구를 생각하는 의원의 활동으로 치부하기엔 그 마음이 순수하게 느껴져서 감동했다. 이후 우연하게 두세 번 만날 기회가 있었는데 그때마다 아이의 안부를 물어주고 나라의 큰 일꾼이 되기를 바란다는 덕담 또한 잊지 않았다.

　사람의 인연이란 것이 우연히 시작되지만 그 우연을 기억하고 인연으로 만들어 가는 것도 소중하다는 생각이 든다. 비록 정치적으로는 도움이 못 되지만 어려운 상황에서 도움을 받은 나는 그 좋은 인연을 오래 간직하며 감사함을 잊지 못하고 있다. 혹시 어느 날 아이가 정치에 관심을 둔다면 어쩌면 그것은 자신이 가진 힘으로 어려운 상황에 처한 사람을 돕고 싶다는 순수한 마음을 그때 배웠기 때문이 아닐까….

P.S. 딸의 수능이 있던 그다음 해부터 오산 학생들은 더 이상 수능을 위해 수원으로 가지 않아도 됐다.

김보경

오산 시민

수달로 맺은
인연

나는 수달이라는 동물을 연구하는 사람이다. 우연인지 행운인지 수달에 대해 30년이 넘도록 연구해 오고 있다. 내가 처음 수달을 연구하기 시작한 80년대 말 대학원생 시절은 수달이 어떤 동물인지 아는 사람이 거의 없었고, 학술 연구 논문 한 편조차 없었으며, TV나 언론 매체에서도 수달의 모습을 보여주는 경우란 찾아볼 수 없던 시절이었다.

수달 연구에 몰두하던 중, 어느 날에 안민석 의원이 일면식도 없던 나에게 처음 전화 연락을 주었다. 내가 일하는 곳에 와서 수달이라는 동물을 직접 보고 싶고 이야기도 나누고 싶다며 시민 환경 단체 회원들과 함께 강원도 화천으로 오겠다는 것이다.

훤칠한 얼굴로 시원시원히 말하던 안민석 의원은 자신이 거주하시는 경기도 오산천에 최근 수달이 나타나 매우 기쁘다며, 앞으로 더 적극적으로 수달을 보호해 보고 싶다고 말했다. 나는 그동안 수달의 생태 연구에만 미쳐 살아온 터라 다른 분야의 경험은 일천한 사람인데, 이처럼 국회의원이 직접 수달이라는 야생 동물에 대해 관심을 갖고 먼저 나에게 연락해 온 것은 매우 특별한 경우였다.

물론 수달에 대한 이야기라면 나는 누구와도 긴 대화를 할 수 있기에, 수달의 재미있는 특징뿐만 아니라 경기도 오산천에서의 수달 보호 방법론에 이르기까지 긴 시간 동안 대화를 나눌 수 있었다. 간혹 지루할 수도 있는 나의 긴 이야기를 빠짐없이 들어 주는 것을 보니 아마 안민석 의원도 큰 귀를 가지고 있는 듯하다.

나중에 안 일이었지만 과거 오산천은 5급수 정도의 좋지 않은 수질을 보이던 환경이었고, 수달의 서식 기록도 확인된 적이 없던 하천이었다. 그러던 중 안민석 의원이 과거 환경운동연합 활동을 할 때 진행되었던 20년간의 오산천 생태 하천 복원 사업 덕분에 현재는 오산천 자연환경이 크게 회복되었다. 다양한 물고기들과 새들이 찾아들고, 예쁜 자연 풍경이 어우러진 아름다운 오산천이 된 것이다. 덕분에 보호종인 수달도 새로이 오산천에 서식하게 되었는데, 수달이 찾아든 근원적인 이유를 보면 바로 오산천 생태 하천 복원 사업이 가장 중요한 역할을 했던 것으로 평가된다.

▲ 오산천 수달

오산천에 수달이 나타나게 되자, 안민석 의원은 곧장 한 걸음 더 나아가고 경기 남부 지역에서 수달을 전문적으로 보호하고 대국민 수달 생태 교육도 함께 겸할 수 있는 수도권 수달보호센터의 설립을 진지하게 추진했다. 실제 국가 예산까지도 확보하는 빠른 추진력을 보여주었다.

수도권 수달보호센터는 야생에서 응급 구조된 수달을 치료·보호하고, 자연으로의 수달 복원을 수행하는 기관이다. 또한 일반 국민도 수달을 직접 관찰할 수 있도록 수달 생태 탐방 및 교육 시설도 함께 들어섬으로써 어린이와 학부모 그리고 전국의 각급 학교에서도 모두 좋아하는 흥미로운 생태 교육 명소가 될 것이다.

내가 근무하는 강원도 화천 지역에는 이외수 작가도 살고 있었다. 이외수 작가는 수달에 대한 관심도 높아서 우리 수달연구센터의 홍보대사를 맡아주었고 간혹 수달에 대한 이야기도 서로 즐겁게 나누곤 했다. 안민석 의원은 코로나 시대가 다가오기 직전에 화천의 이외수 작가를 방문했다. 함께 식사도 하며 늦은 밤까지 편안하게 대화를 나눈 적이 있다. 나는 그때 이외수 작가를 대하는 안민석 의원의 모습을 보면서 문화 예술인을 소중히 여기는 진심 어린 마음을 엿볼 수 있었다.

너무 안타깝게도 그 후 불어닥친 코로나 팬데믹에 이외수 작가는 결국 작고했다. 나 또한 황망하여 춘천의 장례식장에 작별 인사를 드리러 갔는데, 안민석 의원도 곧장 장례식장까지 찾아오는 모습을 보고 사람과의 연을 중요하게 여기는 의원의 마음을 또 알 수 있었다.

이 글을 쓰려고 했을 때, 먼저 나의 졸필 때문에 걱정이 앞섰다. 하지만 안민석 의원이 직접 수달이라는 동물의 보호에 대해서 이토록 큰 관심을 보여주고 있음을 생각하니, 부족한 글솜씨 걱정을 잠시 누르고 수달을 대신하는 마음으로 이 글을 써내려갔다.

어느 날 갑자기 수달 인연으로 처음 인사를 나누었지만, 안민석 의원 덕분에 앞으로 우리 동네 강물이 더 깨끗해지고, 그 강물에서 헤엄치는 수달도 더욱 건강해질 것이란 기대 또한 가져본다. 앞으로도 계속해서 국민을 위해 헌신하며, 우리 수달과 자연 생태계에도 든든한 후원자가 되어주길 희망해 본다.

한성용
한국수달연구센터장

미니어처 빌리지,
그저 한 사람의 제안이었을 뿐인데

2014년 8월의 어느 날로 기억합니다. 해마다 여름이면 안 의원께서는 당신이 몸담고 신앙생활하는 우리 교회의 목회자들에게 늘 식사 대접을 해 오셨는데, 그날도 그런 자리였던 것 같습니다. 물론 지금은 그것도 김영란법 때문에 못 하시게 되어 엄청 미안해하십니다. "제가 다른 것은 바쁜 정치 일정 때문에 못 해도, 일주일에 한 번 주일예배에 참여하는 것과 일 년에 한 번 우리 교회 목회자님들께 식사 대접하는 것만큼은 하고 싶습니다." 그래서 마련된 자리였는데, 당시 3선이나 된 국회의원의 그 겸손한 마음이 느껴져 좋았습니다.

그렇게 식사를 마칠 즈음, 문득 제 앞에 앉았던 안 의원께 얼마 전 안식월 다녀온 이야기를 꺼냈습니다. "이번에는 저의 가족이 여행 중에 네덜란드에 있는 마두로담이라는 미니어처 테마파크를 다녀왔는데, 정말이지 이런 것이 우리 오산에도 생긴다면 얼마나 좋을까 생각했습니다. 우리 어린이들에게 무한한 꿈과 창의력을 심어줄 수 있을 거라 느꼈습니다." 그러면서 저는 찍어 온 영상도 몇 개 보여드렸는데, 그렇게 저는 저의 여행담을 털어놓는 정도로 끝낼 생각이었습니다.

그런데 그 얘기를 너무나 솔깃하게 듣던 안 의원께서는 곧 수첩을 꺼내 무얼 적으시더니, "목사님. 참 좋은 아이디어인 듯합니다. 이 작은 오산에서 넓은 세계를 품을 수 있다면 정말 멋질 것 같습니다. 더불어 우리 오산에서 대한민국도 소개할 수 있다면 정말 의미 있을 것 같습니다."라는 소감을 말씀해 주셨습니다.

하지만 그래도 저는 그뿐이려니 여겼습니다. 그런데 그 후, 안 의원의 행보가 심상치 않았습니다. 그해가 끝나기 전, 미국 출장 중에 필라델피아에 있는 미니어처 테마파크를 바로 가보셨답니다. 다음 해에는 네덜란드 마두로담도 가보셨답니다. 그러면서 안 의원도 점점 이에 대해 확신이 가시는 게 느껴졌고, 여러 차례의 회의와 전문가들의 조언들을 다 들으시더니, 마침내 적지 않은 국비까지 확보하기에 이르렀고, 이렇게 미니어처 테마파크가 오산에 탄생하게 되었습니다.

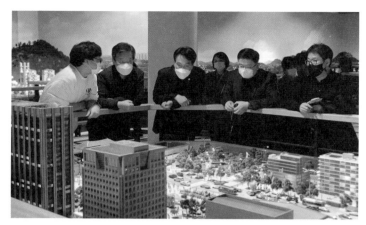

▲ 오산 미니어처 빌리지

　그러니 어찌 제가 안 의원을 인정하지 않을 수 있겠습니까? 아무리 당신이 다니는 교회 목회자의 말일지라도 그저 한 사람의 의견이고 제안이었을 뿐인데, 이렇게 귀담아듣고 그것을 실제로 구현하시는 모습을 보았습니다. 그런데 어떻게 약속만 하고 실천은 없는, 말은 많고 듣는 귀는 없는 정치인들과 비교되지 않겠습니까? 한 사람의 의견일지라도 귀담아듣고, 다수의 전문가들과 충분히 검토하는 능력은 정말 탁월한 사람임을 그래서 저도 인정하게 되었습니다.

　제가 다른 건 모릅니다. 한 사람의 정치인을 판단할 자격도 못 됩니다. 하지만 그는 이렇게 오산에서 5선의 정치인이 되었고, 영향력 있는 뉴스의 인물도 되었습니다. 그렇다면 어떻게 그가 여기까지 왔을까? 이 쉽지 않은 선택을 어떻게 오산 시민들로부터 지난 20년 가까이 받을 수 있었을까?

지극히 저의 개인적인 경험을 전제합니다만, 저는 분명코 그의 이청득심(以聽得心)의 능력 덕분이라 믿습니다. 아마도 이 능력은 저뿐 아니라 가난한 자, 소외된 자, 못 배운 자 등의 사회적 약자들을 향해서도 동일한 그의 태도 덕분이었을 거라 믿습니다. 국민을 위한다는 정치인에게는 반드시 필요한 능력 중의 능력이지요.

저는 그래서 그 때문에라도 우리 안 의원께서 오산을 위해 그리고 나라를 위해 조금 더 일했으면 하는 마음입니다. 이렇게 잘 듣는 정치인을 가졌다는 것은 우리 시민들에게도 그리고 국민들에게도 큰 복이기 때문입니다. 꼭 그렇게 되기를 기도합니다.

김종훈
오산침례교회 담임목사
세교복지재단 이사장

백혈병 소아암
환우들의 대부

　의대 본과 2학년을 마치며 의학 공부를 접은 후 의사가 되지 않은 것을 크게 후회하지 않았다. 그런 내게 마음의 변화가 생기기 시작한 건 1981년 1월 오후 4시, 매일 생방송으로 진행되는 기독교 방송 프로 '찬양의 꽃다발'을 맡으면서부터였다.

　전국의 환우들과 장애우들을 대상으로 하는 방송 프로를 통해 병상의 환우들과 그 가족들, 장애우들의 애환과 어려움을 알게 되었다. 이러는 가운데 백혈병 소아암과 싸우는 숱한 어린 환아들을 만나게 되었고 그들과 소통하기 시작했다. 안쓰러운 그들의 투병 생활을 눈으로 지켜보면서 문득 내 마음속에 이런 생각이 들었다.

　"내가 의학의 길로 가서 의사가 되었더라면 이 어린아이들의 생명을 구해줄 수 있지 않았을까?"

견디기 힘든 항암 치료, 고통스러운 골수 이식 수술, 척수를 찌르는 굵은 주삿바늘의 공포를 느끼며, 끊임없이 떨어지는 수액의 방울방울을 세어보았을 아이들의 얼굴을 보는 건 참 힘든 일이었다. 돌아가고 싶은 학교생활, 늦어지는 학업으로 따라갈 수 없는 진도, 멀어지는 친구들과의 관계, 낙오되고 뒤처지는 사회성⋯. 홀로 병상에 누워 눈물짓는 아이들의 모습을 바라보는 것만으로 가슴이 먹먹했다.

당시 제때 학업을 이수하지 못한 아이들을 받아줄 대학은 한 군데도 없었다.

백혈병 소아암은 제대로 치료를 받게 되면 80%가 완치될 수 있음에도 불구하고, 학교에 다닐 수 있는 조건에 부합하지 않다는 이유로 입학을 거부당했던 때였다.

이때 내가 만난 사람이 안민석이었다. 당시 대학교수로 학생들을 가르치다가 정치계로 입문한 30대 후반의 젊은 국회의원으로 평소 젊은이들의 교육에 관심이 많았고, 국회의 교육위원회에 소속되어 교육 분야에서 활발한 의정 활동을 벌이고 있었다.

안민석 의원은 한국백혈병소아암협회에 절실히 필요한 인사였고, 설득 끝에 한국백혈병소아암협회 이사로 영입했다. 그는 지난날 협회가 도저히 해결할 수 없었던 환아들의 교육 문제를 하나씩 헤쳐 나가기 시작했다.

환아들이 병마와 싸우느라 제때 받지 못한 대학 교육의 기회를 마련해 주기 위해 여러 대학과 공동 협력 사업을 추진했다. 2009년부터 안민석 의원은 앞장서 대학의 문을 두드리고 들어가 총장님들과 의논하고 설득하며 협약을 하나하나 일궈냈고, 사회로 첫발을 딛는 발판을 마련해 주는 데 큰 힘을 썼다. 교육의 기회를 얻어 환아들의 낮아진 자존감이 회복되었을 뿐 아니라 삶의 활력도 얻었다.

학습 지도 도우미 결연, 멘토링 프로그램, 가족 상담 프로그램 운동, 조혈 모세포 기증 캠페인 실시 등 환아들을 위한 지속적인 건강 증진 프로그램을 대학 측과 함께 시행해 가며 결실을

▲ 제2회 세계 소아암의 날 기념식, 2013. 2. 15.

맺었다.

안민석 의원은 전체 이사들과 환아 부모들의 간절한 요청으로 한국백혈병소아암협회 이사장으로 두 번 선출되었고 6년간 봉사했다. 2014년까지 국립대학교 8개소, 사립대학교 12개소 총 20개의 대학과 MOU를 체결했고, 부단한 노력으로 완치된 환아들의 소원인 특례 입학 제도를 정착시키는 업적을 일궈냈다. 안민석 의원은 환아들의 애환을 이해하고 그들이 바라는 소망을 이루어 주었다. 또 늦어진 학업 때문에 속이 타들어 가는 부모들의 마음 또한 말끔히 해소해 줬다.

일련의 과정을 지켜봐 온 사람들에게 안민석 의원은 부모의 마음, 진정한 교육자의 모습 그리고 따뜻한 사회봉사자의 헌신, 배려하는 사람이라는 것을 다시금 깨달았다.

내가 지난 20년간 그를 지켜보면서 이제 와 말할 수 있는 건 그가 "함께 아파해 줄 수 있는 선한 사람, 안민석"이라는 것이다.

윤형주
한국백혈병소아암협회 이사
세시봉 가수

연해주 독립운동가
최재형의 부활

　나는 우연히 블라디보스토크에 가서 독립지사 최재형 선생의 행적을 알게 되었다. 그는 함경북도에서 노비의 아들로 태어났다. 그래서 그는 9살 때 형과 함께 가난하고 배고픈 환경을 극복하기 위해, 연해주의 드림을 꿈꾸며 연해주로 갔다.

　최재형은 공부를 하고 싶어 했는데 형수는 "이런 곳에서 무슨 공부를 하냐? 가서 돈이나 벌어오라."라고 하면서 밥을 안 주었다고 한다. 그래서 그는 포시예트 항구에 가면 밥은 얻어먹을 수 있다는 소문을 듣고 어쩔 수 없이 그곳을 향해 걷고 또 걸었다. 아무것도 못 먹고 며칠을 걷자 너무나 허기가 져서 항구에서 그만 쓰러지고 말았다.

　그런데 하나님의 은혜로 쓰러져 있는 꼬마를 독실한 신앙을 가진 러시아의 한 선장 부부가 발견하여 집으로 데려가 양아들로 삼았다. 최재형은 천재였다. 공부를 잘하고 러시아 말을 유창하게 하여 이후에 러시아군의 통역관이 된다. 그리고 하나님을 섬기는 독실한 그리스도인이 되었다. 그뿐 아니라 자라면서 그의 가슴에 민족애와 조국애가 불타올랐다. 그는 뜨거운 가슴으로 연해주에 사는 고려인들에게 희망을 주었다.

그는 고려인들의 농산품과 가축을 러시아군에 군납해 주었다. 그래서 고려인들도 돈을 벌고 자신도 이익을 얻었다. 그리고 그는 통역관을 그만두고 사업을 하기 시작하여 많은 이윤을 남겼다.

그는 그 이익금의 대부분을 조국의 독립운동 자금으로 지원해 주었다. 돈만 대준 것이 아니라 본인이 무기 사업도 하였기 때문에 독립군들의 무기를 거의 다 대주었다. 특별히 안중근 의사의 의병 활동 자금을 지원해 주고 권총도 지원해 주었다.

그의 딸 최올가가 쓴 『나의 아버지 최재형』이라는 책을 보면, 아버지가 안중근 의사를 데려다가 창고에서 계속 권총 쏘는 연습을 시켰다는 것이다. 그리고 얼마 후 안중근이 이토 히로부미를 저격했다는 뉴스를 접하게 된다. 안중근 의사의 저격 사건 이후에도 계속 독립운동을 했다. 3.1운동이 블라디보스토크까지 확장되었기 때문이다. 그 일이 있기까지 최재형 선생은 계속해서 독립운동 자금을 대주었다. 1920년 4월 어느 날 새벽, 일본 헌병대가 최재형 선생을 잡아다가 우수리스크에 있는 소베츠카야 언덕으로 짐승처럼 끌고 갔다. 그리고 거기서 최재형 선생을 처참하게 처형시켰다.

그런데 최재형 선생이 처형당한 언덕을 찾아가 보니 기념비조차 없었다. 그저 흰 눈만이 군데군데 쌓여 있을 뿐이었다. 나는 그 언덕에 서서 혼자 상념에 잠겼다. 과연 대한민국 사람들 가운데 누가 얼마나 최재형 선생의 죽음을 알고 있을까. 아니, 최재형 선생뿐만 아니라 독립운동가들의 피로 얼룩진 고난의 역사를 얼마나 기억하고 있을까. 안중근 의사를 도와 대한 독립을 위해 목숨을 걸고 싸웠던 그 처절한 구국의 투혼을 얼마나 기억하고 있을까.

나는 소베츠카야 언덕에 최재형 선생의 기념비라도 하나 세워주고 싶었다. 그런데 그 일을 민간인은 할 수가 없다. 돈 있다고 할 수 있는 것도 아니다. 그래서 국회의원의 힘이 필요했다. 몇 분께 얘기를 하니까 알았다고 해놓고 답이 없는 것이다.

그런데 한번은 일간지 기자들하고 블라디보스토크를 가게 되었다. 그리고 최재형 선생에 대해서 신문마다 전면으로 몇 번씩 기사를 쓰도록 했다. 어떤 의미에서 내가 처음으로 한국에 최재형 선생을 대중적으로 알린 사람이다. 나는 기자들에게 "최재형 선생님 기념비라도 하나 세워드리고 싶다."고 했다. 그러자 내 이야기를 듣고 기자들이 당시 국회 문화체육관광위원회 위원장을 했던 안민석 의원을 추천하는 것이다. 사실 그때만 해도 나는 안민석 의원을 잘 알지 못했다. 그럼에도 불구하고 안민석 의원을 교회로 초청해서 최재형 선생 얘기를 했다. 그랬더니 당장 추진하자고 하는 것이다.

▲ 블라디보스토크 최재형 기념비 제막식, 2019. 8. 12.

그래서 그 일로 안민석 의원과 함께 블라디보스토크로 갔는데 최재형 선생이 처형당한 소베츠카야 언덕은 러시아의 공유지이기 때문에 그곳에 기념비를 세우려면 시간이 많이 걸리고 절차가 아주 복잡했다. 그래서 안민석 의원의 제안으로 최재형 기념관 안에 그분의 흉상을 세우고 마침내 제막식을 하게 된 것이다.

물론 안민석 의원이 국회에서 예산을 편성할 수 있도록 노력했기에 가능한 일이었다. 그리고 그 이후로 나와 안민석 의원은 최재형 선생의 후손들을 초청해서 여행도 시켜드리고 병원 치료도 해드리고 적지 않은 위로금도 전해드렸다. 그때의 일을 회상하면 나는 지금도 안민석 의원에게 참으로 감사한 마음을 갖고 있다.

피천득 선생은 "어리석은 사람은 인연을 만나도 인연인 줄 알지 못하고, 보통 사람은 인연인 줄 알아도 그것을 살리지 못하며, 지혜로운 사람은 옷자락만 스쳐도 인연을 살릴 줄 안다."고 했다. 나와 안민석 의원은 조국의 독립 역사의 서판에서 잊힌 이름, 최재형 선생을 매개체로 하여 만나게 되었고 그 인연을 오늘날까지 소중하게 이어오고 있다.

최재형 선생의 삶과 행적을 알고 여러 사람들에게 제안을 했지만 모두 대답만 했지 직접 소매를 걷어 올린 사람은 없었다. 그러나 안민석 의원은 제안을 받자마자 직접 소매를 걷어 올리고 수고해 주었다. 앞으로도 사나이 대장부의 뚝심과 신의, 투혼으로 나라와 민족을 위해 큰일을 해주리라고 응원하고 기도한다.

최재형 선생의 이름을 기억하지 않고서야 어찌 자유 대한의 역사를 안다고 할 수 있겠는가. 그의 삶처럼 조국의 제단에 모든 걸 던져 타오르지 않고서야 어찌 나라를 사랑한다 할 수 있겠는가. 이제 최재형의 가슴에 타오르던 그 푸른 불꽃이 우리 모두의 가슴의 촛대에 점화되고, 그의 애국 애족의 정신과 하나님을 향한 믿음, 감동적인 삶의 궤적들이 별처럼 빛나기를 기도한다. 아니, 천년의 바람에도 지워지지 않을 저 별빛 언덕 위에 자유와 평화의 꽃으로 피어나기를 소망한다.

안민석 의원의 앞날에 하나님께서 넘치는 지혜를 주시고 국가와 민족을 위해 더 큰일을 하는 정치인이 되기를 기도한다.

소강석
새에덴교회 담임 목사

약탈 문화재를
환수하라

고즈넉한 하늘 호수 길을 걷다, 하얀 민들레와 반갑게 인사를 나누어 봅니다. 민들레꽃은 만물이 소생하는 봄이 되면 마치 행운을 상징하는 해바라기처럼 따스한 햇빛을 온몸으로 받으며 온 벌판을 덮습니다. 그리고 우리 모두에게 시원하고 상쾌한 봄의 힘찬 기운을 전해주는데 가까운 벗을 생각하게 되고 우정을 되새기게 됩니다. 오랜 기간 사귀어온 안민석 의원을 떠올리면 이렇듯 하얀 민들레를 보는 것 같습니다.

제가 아는 안민석 국회의원은 민의의 전당인 국회에서 국리민복과 국가 미래 발전을 위하여 혼신의 노력을 다할 뿐만 아니라 국민들의 참다운 삶의 질을 높이기 위해 각고의 애정을 쏟고 있는 5선 국회의원으로 자랑스러운 공복으로 높게 평가하고 싶습니다. 또한 평소 인품이 탁월하고 항상 국민의 편에서 정의로운 국가 운영을 위해 촌철살인식의 정책을 제시해 수많은 국민들로부터 사랑을 받고 있기에 그 기대 또한 크다고 하겠습니다.

부처님 법에서 인연이란 매우 소중하다고 하겠습니다. 100여 년 전 대한민국 임시정부 수반이셨던 겨레의 선각자 김구 선생께서는 우리나라를 문화 강국이 되어야 한다고 주창하신 바 있습니다. 이와 맥을 같이한 안민석 의원은 제20대 국회 문화체육관광위원회 위원장으로 역임하면서 2017년 미국으로 무단 반출된 문정왕후 어보와 현종 어보가 귀환하는 데 결정적인 역할을 해주었고, 1953년 한국전쟁 정전 협정 직후 미국으로 반출된 대한불교조계종 제3교구 본사 신흥사의 성보 문화재인 영산회상도와 시왕도 6점이 환지본처(還至本處)가 되도록 큰 힘을 보태주었습니다.

특히 한국전쟁 직후 수복지구인 속초 지역에서 미 해병 중위로 근무하였던 리처드 브루스 록웰 씨가 당시 촬영한 신흥사 극락보전과 명부전의 내부를 촬영한 사진들을 속초시로 기증하여 주었고 2019년 3월 18일 리처드 브루스 록웰(당시 92세) 씨가 한국전쟁 후 미국으로 가져간 신흥사 불교 경전 제반문 목판 중 마지막 부분 1점을 미국 시애틀을 방문하여 본 승과 함께 현

지에서 반환받았음은 국외 반출 문화재 환수 분야에서 큰 획을
그었다고 하겠습니다.

▲ 신흥사 경판을 기증한 리처드 브루스 록웰 씨와 함께, 시애틀, 2019. 3. 18.

이렇듯 안민석 의원은 우리가 힘이 없어 지키지 못하고 국외
로 반출되어 고국으로 귀향하지 못하고 머나먼 이국땅에서 배
회하던 것을 국회 차원에서 지극한 정성을 들여 환지본처토록
물심양면으로 도와준 인연은 그야말로 부처님과의 깊은 인연
이라 하겠습니다. 정말 고마운 인연에 감사드립니다.

이제 새로운 도약을 꿈꾸는 안민석 의원에게 3행시를 선사합니
다. 모든 국민들이 바라보는 참다운 지도자가 되시길 앙망합니다.

안, 안정적이고 미래를 위한 대한민국 발전을 더욱 힘써주시고

민, 민의의 전당에서 오직 백성들의 평안한 삶을 채워주시고

석, 석불의 미소를 닮은 의원님, 국민과 함께하는 문화 강국의 일꾼이 되소서.

끝으로 부처님의 자애경 "모두가 탈 없이 지내기를", "모든 중생이 행복하기를" 두 손 모아 합장드립니다.

나무 석가모니불 나무 석가모니불 나무 시아본사 석가모니불

대한불교조계종 무량사 주지 지상 합장

문정왕후 어보를
조국의 품으로

▲ 문정왕후 어보

  그때가 언제였는지는 정확히 기억나지 않는다. 10여 년은 훨씬 전 이야기다. 존경하는 다산 연구자이신 박석무 선생님의 특강이 있던 날 치과의사 임병목 선배의 소개로 고교 선배인 안민석 의원을 처음 만났다.

임병목 원장이 나에게 안 선배를 소개해 준 이유는 해외로 유출된 우리 문화재를 되찾는 일을 합심해서 하라는 것이다. 일제강점기 이전부터 우리나라의 귀한 문화재가 미국으로 유럽으로 그리고 일본으로 유출되었다. 약탈이라는 표현이 무색할 정도로 엄청나게 많은 문화재가 이 나라를 떠나 외국으로 나가 있었다. 그 문화재는 무려 15만 점이 넘었다. 외국에 빼앗긴 문화재의 수준은 각 도의 문화재급이었다. 이 빼앗긴 문화재를 되찾아 와야 한다는 것이 임병목 선배의 생각이었고, 그 일을 해줄 사람이 당시 3선 국회의원인 안민석이고, 그 안민석을 도와줄 역사학자로 나를 선택한 것이다.

안 선배는 스펀지 같았다. 문화재에 대한 이론 공부도 우리 역사의 아픔과 기쁨에 대한 것도 아주 빠르게 받아들였다. 하나를 이야기하면 열까지는 몰라도 다섯, 여섯은 충분이 알아들었다. 안 선배는 우리나라가 힘이 없어 나라를 빼앗기고 우리 문화재를 빼앗긴 것에 분노했다. 단순히 문화재를 빼앗긴 것이 아니라 역사를 빼앗긴 것이라고 했다.

올바른 식견이었다. 대학교수를 한 분이기 때문에 어느 분야든 빠르게 이해하고 그에 대한 대안도 마련할 수 있었겠지만 안 선배가 이러한 식견을 갖게 된 것은 심성의 바탕에 정의감이 있기 때문이다. 올바른 것과 올바르지 않은 것을 구분할 수 있고, 자신의 이익을 위해 올바르지 않은 것과 타협하지 않는 지사의 모습을 안 선배는 갖고 있었다. 이런 진실한 모습을 본 나는 안 선배와 더욱 가까워졌고, 그를 더 성심성의껏 돕게 되었다.

2013년 추석 때 안민석 선배는 이 나라를 위해 엄청나게 큰 일을 했다. 한국전쟁 기간에 미군이 종묘에 보관되었던 어보(御寶) 47과를 가지고 갔다. 우방인 미국의 군인이 나라의 보물인 조선 시대 국왕의 어보를 설마 가져갔겠냐고 의아해할 수 있지만 이는 사실이다. 미국 국무부가 직접 이 사실을 기록해 놓았다. 미국 정부의 공식 기록에 있으니 현재의 미국 정부와 관련 기관이 무시할 수 없었다. 미국 LA 카운티에 있는 라크마는 당시 미군이 가져간 문정왕후 어보를 전시하고 있었다. 불법적으로 가져간 문정왕후 어보가 박물관 전시 공간에 버젓이 전시되고 있었다.

안 선배는 내게 약탈 문화재 환수에 열정적인 혜문과 함께 이 문정왕후 어보를 찾으러 가자고 했다. 2013년 7월에 방문을 해서 라크마 부관장과 어보 반환을 협상했다. 그들이 소장한 것이 부당하다는 것뿐만이 아니라 애초에 미국으로 가져간 것이 불법이었다는 것을 강조했다. 안 선배는 대한민국 국회의원으로서 미국의 부당함을 당당하게 이야기했다. 그러나 라크마 측은 요지부동으로 문정왕후 어보 반환은 있을 수 없다고 했다.

협상은 실패로 돌아가고 있었다. 라크마 측은 빈손으로 돌아가게 만드는 것이 미안했는지 나름 배려를 한다고 문정왕후 어보를 직접 볼 수 있게 해주었다. 흰 장갑도 가져다 놓았다. 그래서 우리가 장갑을 끼고 만져도 좋으냐고 물었다. 그들이 허락을 해주자 안 선배가 장갑을 끼고 어보를 들어 올리다가 뭔가를 발견했다. 어보 옆쪽 모서리에 웬 묵서(墨書)가 붙어 있다고 했다. 내가 그 묵서의 흔적을 들여다보니 한자로 여섯 글자가 쓰여 있었다.

'六室大王大妃(육실대왕대비)'

난 이 글자를 보고 충격을 받았다. 이 어보가 종묘에 있다가 약탈된 것임을 증명하는 것이었다. '육실'은 종묘 정전의 여섯 번째 방이고, 그 방의 주인공은 대왕대비인 문정왕후라는 것을 증명해 주는 것이다. 이게 놀라운 것은 이 묵서의 정체가 그 어느 누구에게도 발견된 적이 없었다는 것이다. 그런데 어느 누구도 발견하지 못했던 이 묵서의 정체를 안 선배가 발견한 것이다. 이는 하늘의 뜻이었다. 그날 우리는 기쁨에 소리를 질렀다. 라크마 관계자들과 추후에 다시 협상하자고 합의했다.

2개월 뒤 추석 연휴 때 안 선배와 다시 라크마를 찾았다. 그리고 우리는 승리했다. 너무도 기뻤다. 라크마 밖에는 우리 언론들이 대기하고 있었다. KBS와 SBS도 있었다. 이날 우리는 어보 협상에서의 승리를 발표했다. 문정왕후 어보가 다시 우리 땅으로 돌아온다는 소식은 그해 우리 국민들에게 준 가장 큰 선물이었다.

난 문정왕후 어보가 하늘이 준 선물이라고 지금도 생각한다. 안민석 선배가 정의로운 생각과 실천을 하고 있었기 때문에 하늘이 안 선배로 하여금 우리 국민들에게 선물로 주게 한 것이라 생각했다. 임병목 선배로 인해 만나게 된 안민석 선배와의 인연은 오늘도 이어진다. 나는 그에게, 그는 나에게 서로의 존재 가치를 인정하는 아름다운 관계로 발전했다.

한 사람의 정치인이 정의롭고, 문화적 내공이 깊을 때 이 나라의 역사와 문화를 위해 얼마나 큰일을 할 수 있는지 안민석 선배를 통해 명확히 알 수 있다. 이러한 훌륭한 정치인이 앞으로 대한민국의 미래를 위해 계속 큰일을 할 수 있게 하늘에 끊임없이 기도할 것이다.

김준혁
한신대학교 교수

2부

시민과 함께 만드는 강소 도시 오산

오산,
AI 교육 선도지구 지정

경기도교육청이 교육 도시 오산을 디지털(AI) 교육 선도지구로 지정했다. 지난 수년간 함께 고생한 선생님들과 관계자 노력 덕분이다.

AI 교육 전도사 역할

2019년부터 AI 교육 도시 오산을 위해 공부하며 많은 전문가들과 현장 교사들을 만났다. AI 교육이 필수인 시대가 되었지만 교육부조차 구체적인 계획을 세우지 못하고 있었다.

그래서 2021년 국정 감사부터 AI 교육의 중요성을 강조하고 문제점과 대안을 정책 질의와 정책 자료집을 통해 제시했다. 지난해 국정 감사에서는 초·중·고—대학을 연계하는 선도지구 지정 사업을 이주호 교육부 장관과 임태희 경기도교육감에게 건의했는데, 그것이 이번 공모 사업으로 이어져 오산이 AI 교육 도시로 선정됐다. 디지털(AI) 선도지구 사업은 학교 공교육만으로는 현실적으로 어렵기 때문에 학교 중심의 민관학 지역 네트워크를 구축하여 모든 학생이 사교육 없이도 체계적인 디지털(AI) 교육을 받도록 만들자는 것이 취지이다.

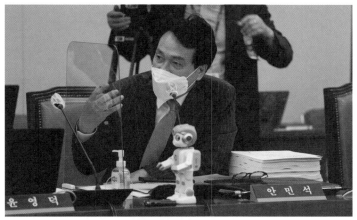

▲ 교육위 국정 감사에서 인공지능(AI) 로봇과 인사하며 질의, 2021.

AI 교육 도시 오산을 위해 충남교육청 방문

2021년, 2022년 AI 교육 성공을 위해 의기투합한 초·중·고 교장 선생님들, 학부모 대표, 오산교육재단, 오산시의회와 함께 충남교육청과 아산시를 방문하여 오산 AI 교육을 고민하고 토론했다. 초·중·고 교장 선생님들과 국회의원이 동행하여 현장 견학을 하는 것은 서로에게 어색했지만 AI 교육 성공을 위해 금세 친해졌고 서로에게 힘이 되었다.

모두의 고민은 초중고를 연계하는 AI 교육이 필요하다는 데 한목소리로 모아졌고 2022년 국정 감사에서 장관과 교육감에게 AI 교육 선도지구 지정 사업을 제안하기에 이르렀다.

국정 감사를 마치고 다시 오산의 교육 주체들과 한자리에 모여 AI 교육 선도지구 지정을 꼭 받자며 다짐했다. 이렇게 AI 교육 도시 오산의 발걸음은 조금씩 영글어 갔다.

▲ AI 정책협의를 위한 충남교육청 방문, 2022. 11. 30.

AI 교육 선도 모델 금암초

오산의 금암초는 AI 교육의 독보적 모델인데 전국적으로도 자랑할 만한 수준이다. 교장 선생님의 열정으로 AI 교육 인프라와 프로그램이 활성화되었고, 무엇보다도 교사들의 의욕이 학교를 바꾸었다. 학생들은 표정부터 달라졌고 행복하고 재밌는 학교생활로 이어졌다.

▲ 금암초 미래 교육 수업 참관 당시, 2022. 12. 22.

오산 초·중·고—한신대—지역사회 협력 네트워크 구축

오산형 AI 교육 성공 모델을 만들기 위해 학교 중심의 민관학 지역 네트워크를 구축하여 지역사회가 힘을 모으고 있다. 오산

▲ 오산 AI 교육 진단과 발전 전략 전문가 정책 간담회, 2023. 6. 27.

의 교육 관계자들은 2년 전부터 초중고와 한신대를 연계하는 사업들을 성공적으로 추진했다. 한신대는 AI·반도체 학과를 신설하고 오산의 초중고 학생들에게 다양한 프로그램을 제공하고 있다.

어느덧 오산은 AI 교육 선도 도시로 변모하고 있다. 오산 AI 특성화고 유치에 이어 디지털(AI) 선도지구로 선정되면서 AI 교육 도시 오산의 추진 성과를 인정받고 한 단계 도약하는 발판을 마련했다. AI 교육 도시 오산이 전국 롤 모델이 되도록 AI 특성화고 설립과 선도지구 사업을 오산 시민과 함께 반드시 성공시킬 것이다.

황금알을 낳는 거위가 되어야 할 운암뜰

운암뜰은 오산 경제를 살리는 최고의 요충지이다. 경부고속도로 선상에서 가장 가치 있다고 전문가들이 평가하는 운암뜰은 오랫동안 투기와 관심의 대상이었다. 운암뜰에 대해서는 노른자위 땅을 개발하여 부가가치를 높여야 한다는 주장과 식량 부족 시대에 존치해야 한다는 주장이 있지만, 존치론보다는 개발론에 더 많은 분들이 동조한다. 운암뜰을 개발한다면 아파트 건설보다는 오산의 미래 먹거리와 일자리 창출에 기여하는 창의적이고 미래지향적인 개발이어야 한다는 데 이의를 제기할 사람은 없을 것이다. 제2의 운암 단지로 운암뜰에 아파트를 건설하는 것은 어리석은 일이다.

나는 운암뜰 개발을 공약으로 내걸었다. 운암뜰에 아파트가 아닌 부가가치 높은 산업 단지나 4차 산업혁명 시대에 걸맞은 창의적인 개발이 이루어져, 운암뜰에서 오산의 비전과 희망을 만들겠다고 약속했다. 오산과 연고가 있는 롯데가 개발하기를 희망해서 조심스럽게 제안했는데 기업 내부 사정으로 답이 오지 않았다. 그러는 사이 오산시 주도로 사업 투자 업체를 공모하여 결정이 났다. 우선 협상 대상 업체가 지정된 것은 환영할 일이나 문제는 개발의 방향과 내용이다. 운암뜰 개발은 오산의 미래가 담보된 개발이길 바란다. 아파트 건설 위주의 개발은 진지하게 재고되어야 한다.

 사춘기 시절에 운암뜰을 거닐며 많은 시간을 보냈다. 당시 운암뜰은 지금의 운암 아파트 단지까지 포함되어 두 배 정도 넓었고 뜰의 모양새도 지금보다 훨씬 정겨웠다. 운암뜰 근처 성호초 후문 동네에 살았는데 벽돌 공장이 있던 지금의 중앙동 행정복지센터를 지나면 바로 운암뜰을 만날 수 있었다. 들녘에 황금벼가 무르익는 가을이면 산책하기에 더 좋았고 농수로에는 물고기도 많았다. 운암 단지가 들어서면서 운암뜰은 절반으로 줄었지만 나에게 많은 추억이 깃든 청춘의 공간으로 남아 있다.
 수년 전까지 운암뜰에서 정월 대보름 행사로 해마다 깡통 돌리기 놀이를 했는데 수도권의 대표적 정월 대보름 행사로 자리

잡을 만큼 유명해졌다. 운암뜰이 난개발되면서 깡통 돌리기 행사는 오산천으로 장소가 바뀌었지만, 나는 그때 운암뜰 사수를 주장한 사수파였다. 오산천의 환경도 염려되었지만 오산의 과거와 현재와 미래를 잇는 운암뜰이 갖는 상징성 때문이었다. 정월 대보름이면 깡통 돌리기로 유명한 운암뜰에서 황금알을 낳는 거위가 탄생하기를 바라는 심정은 지금도 똑같다.

분당선을
오산으로

분당선 연장의 꿈이 현실로 다가왔다. 국토부가 4차 국가 철도망 구축 계획에 기흥—오산 분당선 연장을 확정 발표했다. 지난 총선에서 1호 공약으로 분당선 연장을 내걸었을 때에는 참모들조차 무리한 공약이라며 반대했고, 시민들도 가능성에 대해 회의적이었지만 과감히 결단했다. 다선 의원의 능력을 시민들에게 보여주어야 할 사명감과 더불어 시민들의 교통 편의를 위해 가장 절실한 분당선 연장을 1호 공약으로 내걸었다. 때문에 당선 후 지난 1년을 오롯이 분당선 연장을 위해 뛰었다.

용인시 철도과장의 말처럼 분당선 연장은 이제야 첫 단추가 끼워졌고, 앞으로 실현되기까지 예타 통과 등 적지 않은 난관이

의원님! 안녕하세요?
고맙습니다.

의원님덕분에 기흥~오산간 분당선 연장(안)이 어제 온라인
공청회 발표시 국가 철도망 구축계획에 반영됐습니다

오산시 용인시 실무부서야 현장조사, 사타 용역해서
관계기관 협의 및 보고, 협력요청 등 기본적인 업무외에는
역할이 제한적인데..

국회차원에서 특히
안민석 의원님과 김민기 의원님 두분께서

끝까지 애써주시고
최선을 다해주신 덕분에 분당선 연장 첫 단추는 잘 끼우게
됐습니다.

정말 수고많으셨고
축하드립니다.

분당선 연장이 앞으로 실현되기까지 예타통과 등 적지않은
난관이 예상됩니다만

담당부서에서도 최선의 노력을 다하겠으며 의원님의
변함없는 협력과 지원을 부탁드립니다~^

늘 건승하시고
응원하겠습니다

용인시 도시철도과장
박형열 올림

▲ 분당선 연장을 위해 실무적 조언을 준
용인시 철도과장의 축하 문자, 2021. 4. 23.

예상된다. 2019년 용인시와 오산시가 공동으로 실시한 기초 조사에서는 타당성 점수가 현저히 낮아, 한때 가능성이 희박한 사업으로 좌절하기도 했다. 아무리 국회의원이 지역 발전을 위해 요구한 대통령 공약 사업이라 할지라도 사업의 타당성이 없으면 국토부가 결정하기 어렵다. 그동안 포기—점선—실선으로 사업의 위상이 바뀌는 드라마 같은 변화의 한복판에서 지옥과 천당을 오갔다.

기흥저수지 수질 개선을 위해 지난 몇 년간 힘을 모았던 기흥 출신의 김민기 의원과 나는 분당선 연장을 위해 원팀이 되어 국토부와 기재부 공무원들을 끈질기게 설득했다. 지난 총선에서 분당선 연장을 공동 공약으로 내건 김민기—안민석은 수십 차례 관련 공무원들을 접촉하며 1년 동안 혼신의 노력을 다했다.

총선 1호 공약으로 분당선 연장을 선언했고, 김민기 의원과 함께 공동 공약 발표까지 했으니 분당선 연장은 나에게 숙명이 되었다. 부족한 나를 키워주신 오산 시민들께 보답하는 길은 시민들의 염원인 분당선 연장을 실현하는 것뿐이라는 일념으로 총선 구호 역시 정치적 슬로건이 아닌 '분당선 연장'으로 정하고 현수막과 유니폼에도 분당선 연장의 의지를 담았다. 지난 총선 오산 선거는 분당선 선거라 해도 과언이 아닐 만큼 나는 분당선 연장을 외쳤다.

심지어 선거용 유니폼에도 분당선 연장을 새겼으니 분당선은 안민석과 공동 운명체처럼 각인되었을 것이다. 선거 지원을 하러 오산에 두 번이나 방문한 남진 선배님도 선거 후에 만날 때마다 "안 의원, 분당선 어찌 됐소?"라며 우려하는 질문을 할 정도였다.

4차 국가 철도망 계획에 분당선 연장이 반영됐다고 국토부가 발표한 날, 시민들께서 한없이 기뻐하셨다. 나 역시도 기뻤지만, 한편으로 걱정이 앞서기도 했다. 4차 국가 철도망 계획 발표는 분당선 연장을 위한 첫 관문을 통과한 것에 불과하기 때문이다. 앞으로 거쳐야 할 관문들이 더 많이 남아 있다. 시간상으로도 아무리 정상적 절차를 거치더라도 10년 가까이 걸리는 국가 철도 사업이다. 시민들께서는 이번 발표로 분당선 연장 사업이 확정된 것으로 들떠 있고, 금세라도 개통될 것 같은 축제 분위기이지만, 1조 6천억이 투입되는 국가 사업이 실현되려면 필요한 절차가 있다. 특히 국토부와 기재부가 정식으로 실시하게 될 타당성 조사를 무사통과할지는 누구도 장담할 수 없지만 처음처럼 최선을 다할 것이다.

AI 특성화고에 대한
꿈

    대한민국의 모든 아이들이 건강하고 행복하게 성장하면 좋겠다. 정치인 안민석이 꿈꾸는 '아이들이 건강하고 행복한 나라'를 오산에서 실현하고자 했다. 10년 전부터 오산의 아이들은 수영을 배우기 시작했고, 오산은 이제 대한민국 생존수영의 메카가 되었다. 오산의 유치원, 초등 3, 4, 5학년 아이들은 모두 자신의 안전을 지키고 평생 즐기면서 건강을 유지할 수 있는 수영을 배운다. 초등학교 5, 6학년 아이들은 통기타를 배우며 친구들과 즐겁게 어울리고, 선생님과 함께 행복한 학교생활을 한다. 우리나라 어느 도시에서도 상상하지 못한 통기타 교육은 아이들이 평생 즐길 악기 한 가지를 배웠으면 좋겠다는 내 꿈의 실현이었다. 지금까지 정치하며 오산 시민들과 아이들과 함께 이룬 수영과 통기타의 신화를 다른 도시로 확산시키고 싶다. 오산의 교육이 민들레 꽃씨처럼 경기도 전역에 퍼지도록 하고 싶다.

　오산을 다이아몬드처럼 빛나는 도시로 만들고 싶다. 화성은 오산보다 16배, 수원은 8배, 안성은 14배, 용인은 12배, 평택은 10배 크다. 동서남북으로 큰 도시에 둘러싸인 오산은 기가 눌리기도 하지만 주변의 큰 도시를 잘 활용한다면 경쟁력을 높일 수 있을 거라고 생각했다. 다이아몬드가 작지만 가장 비싼 보석이듯이 오산도 작지만 다이아몬드처럼 빛나는 도시로 만들고 싶은 것이다. 그 노력이 경기도로 이어지기를 바란다.

　산업 시대, 정보 지식 시대를 지나 지능 지식 시대가 도래했다. 그런데 국가도 어느 도시도 제대로 대응하지 못하고 있어 많은 분들이 걱정하고 있다. 오산 주위에는 세계 최고 글로벌 기업인 삼성과 LG가 있다. 하이닉스도 오산 근처로 이전을 추진하고 있다. 오산은 삼성, LG, 하이닉스의 중심에 있으니 오산만큼 지정학적으로 4차 산업혁명을 주도할 도시는 없다. 더구나 오산은 사통팔달 교통의 요지이다. 오산을 AI와 빅데이터, 소프트웨어에 기반한 4차 산업혁명의 요람으로 만든다면 오산은 다이아몬드처럼 빛나는 경쟁력 있는 미래 도시가 될 것이다. 특성화고 신설과 4차 산업 관련 IP 융복합 체험관 유치를 위해 전문가들과 논의해 왔다.

　이재정 교육감과 조찬 회동을 했다. AI 특성화고를 유치하는 것은 교육감의 권한이기 때문이었다. 그동안 논의 과정과 특성화고 필요성을 전달했다. 교육감은 훨씬 구체적이고 현실적인 조언을 했다. 고양이 그림을 보여주었더니 호랑이를 그려보자고 하는 격이었다. 그의 식견에 내 가슴이 쿵쿵 뛰었다.

　교육감은 미래 교육을 선도하는 차원에서 오산 초중고 모든 학교에 AI 교육을 도입할 것을 제안했다. 너무도 좋은 제안이고 아무도 상상하지 못한 제안이었다. 진작에 국가 차원에서 4차 산업혁명에 대비한 교육이 준비되고 실천되어야 하지만 우리의 현실은 그렇지 못했다. 국가가 못한 일을 오산에서 성공적으로 이루어 내고 생존수영처럼 오산의 성공 사례를 국가 정책으로 도입하여 확산한다면 4차 산업혁명 시대의 교육을 오산이 선도하고 그것으로 오산은 경기도의 주요 경제 축으로 기능하게 될 것이다.

　교육감은 AI, 빅데이터, 소프트웨어 관련 특성화고는 3년 과정으로는 부족하니 중고 연계 특성화고를 만들고, 특히 플러스알파 과정으로 대학교와 연계하자고 제안했다. 이 역시 지당한 말씀이지만 누구도 상상하지 못한 대단한 발상이었다. 전문가들에 의하면 AI 교육은 3년 과정으로는 부족해서 특성화고만으로는 별 실효성이 없고 취업 가능성도 낮다는 염려를 하고 있지만, 중학교부터 특성화 교육을 실시하고 고교 입학 후에 대학과 연계된 교육을 한다면 AI 전문가 양성이 가능할 것이다.

특성화고가 설립되면 오후에는 기업으로 가서 현장 실습을 하도록 해야 한다는 교육감님의 의견은 내 귀를 번쩍 뜨이게 했다. 오산은 가능했기 때문이었다. 10~30분 거리에 삼성, LG, 하이닉스가 있어서 점심을 먹은 학생들은 각자 기업체로 갈 수 있다. 그리고 기업체에 있는 AI 전문가들을 학교의 강사로 얼마든지 활용할 수 있다. 삼성을 비롯한 대기업들의 학교 지원과 투자도 충분히 가능하다. 기업의 수요에 필요한 맞춤형 교육을 하게 되면 졸업 후 모든 졸업생이 바로 취업하게 될 것이다.

교육감과 함께 꿈을 나누니 정말 행복했다. 밥이 목구멍으로 넘어가지 않을 만큼 설레었고 다이아몬드가 될 오산을 상상하는 것만으로도 행복했다. 오산 교육의 최고의 강점은 대한민국에서 지역과 학교의 벽이 가장 낮은 데 있다. 시청과 교육청의 소통이 활발히 이루어진 결과 수영과 통기타의 신화가 가능했다. 오산의 축적된 경험은 AI 교육을 포함해 오산을 대한민국 4차 산업혁명의 요람으로 만드는 데 밑거름이 될 것으로 확신한다. 상상력과 창의력을 갖춘 미래 인재를 양성해야 한다. 교육감은 공부를 잘하는 학생보다 적성에 맞는 아이들이 AI 특성화

고에 입학하도록 해야 할 것을 강조했는데 나도 전적으로 동의
했다.

오색문화체육센터로 탈바꿈한
시민회관

국회 예산결산특별위원회 간사로 선임된 후 시민들께서 가장 많이 요청하신 말씀이 국비를 많이 끌어와서 낡은 시민회관을 새로 지어 달라는 것이었다. 시민회관은 지은 지 30년이 넘어 노후되었을 뿐만 아니라 외형상으로 보기가 흉한데도 수백억 원의 예산이 소요되므로 새로 지을 엄두를 내지 못하는 오산의 큰 숙제였다. 특히 주차 공간이 부족하여 옆의 테니스 코트를 없애고 주차장을 지어 오색시장 장날 주차난 해소를 함께 해결하자는 제안도 있었다. 그래서 예결위 간사인 지역 국회의원에게 시민회관을 다시 지어 달라고 시민들께서 특명을 내렸던 것이다.

시민회관을 폼 나게 다시 지을 계획으로 대충의 공사비를 뽑아 보니 400억 정도면 지하 주차장까지 가능할 듯 보였다. 문제는 이 소요 예산은 국비로 지원이 불가능하고 지방자치단체 예산으로만 가능한 사업이란 점이었다. 만약 오산의 시민회관을 새로 짓는 데에 국비를 지원할 경우, 전국의 수많은 시군에서 예산 지원 신청이 쇄도할 것이기 때문이었다. 국민의 혈세인 국비가 지원되는 데에는 원칙이 있고 387조 원은 분명한 원칙 하에 집행돼야 하는 것이 당연했다. 그런데도 오산 시민들께서 내게 부여한 특명을 완수하는 것이 시민에 대한 도리요, 3선 의원으로 선출해 준 민의의 기대에 부응하는 것이라고 여겼다.

수년 전 불가능을 가능으로 만들었던 오산 환승 터미널 국비를 확보했던 경험을 바탕으로 몇 달간 연구하고 기재부 공무원들을 설득하며 오산시민회관을 새로 짓기 위한 예산 확보에 매달렸다. 평화공원, 미니어처 빌리지 등 굵직한 예산이 이미 잠정적으로 결정되었고 시민회관 예산만 확보하면 지역 예산은 다 해결되는 셈이었다. 나는 살면서 또 의정 활동을 하면서, '간절하면 이루어진다.'는 단순한 진리를 믿고 있었다. 사람이 하는 일이기에 사람의 마음을 움직일 만큼의 간절함이 있으면 못할 일이 없다는 것이 경험에서 우러나온 진리였다. 합법적 테두리 내에서 최선을 다했다.

지성이면 감천이랄까? 예산 막바지에 이를 무렵 기재부 예산

담당 공무원으로 있는 군대 후배와 우연히 식사하며 이런저런 얘기를 나누던 중 시민회관을 지을 방법을 알려 달라고 사정을 했더니 "선배님, 시민회관 이름으로는 절대 안 됩니다. 시민회관 대신에 복합문화센터 같은 것이면 가능성이 있습니다."라며 새로운 방법을 제안해 주었다. 그래서 오산시민회관을 오산복합문화체육센터로 바꾸어 협의했더니 정부에서도 동의해 주었다. 체육을 포함하는 복합문화체육센터로 국비 예상 승인이 이루어졌던 것이다.

모든 일은 사람이 하는 것이지만, 사람의 노력 없이 이루어지는 일은 아무것도 없다. 특히 어려운 일일수록 간절한 노력이 필요하다는 것을 시민회관 예산 확보를 통해 거듭 실감했다. 복합문화체육센터는 오산문화스포츠센터로 명칭을 바꾸어 2021년 11월 20일 개관했고, 현재는 오산오색문화체육센터로 이름을 변경했다.

대한민국 생존수영,
오산에서 시작되다

7번째 생존수영 콘퍼런스가 열렸다. 박양우 문화체육관광부 장관님을 비롯하여 관내 교장 선생님, 학부모님 등 많은 분이 참석하여 축하해 주셨다. 안민석 의원실 보좌진들이 주도하던 초기 콘퍼런스와는 달리 이제는 교육청, 시청, 시설관리공단, 오산교육재단 관계자들끼리 열심히 준비하여 완벽한 행사를 치르는 모습이 자랑스러웠다. 아이들의 안전과 생명을 지키기 위해 오산에서 시작했던 수영이 나비 효과로 국가 정책이 되어 전국에 확산되기까지 함께 헌신하신 모든 분들께 감사드린다. 오산스포츠센터 수영장 관리 책임자였고 고인이 되신 이종상 이사장님과 무지개 수영 전도사이신 전 이희석 시설관리공단 이사장님 그리고 명예 강사님들께 특히 감사드린다.

▲ 박양우 문체부 장관과 생존수영 기념 동판 앞에서, 2019. 11.

2010년 가을이었다. 오산문화원장을 지냈던 공창배 선배와 치맥을 하면서 이런저런 얘기를 나누던 중 느닷없이 공 선배가 말했다. "안 의원, 학생들에게 수영을 가르쳐야 해. 선진 외국은 학교에서 수영을 필수로 가르치고 특히 일본은 초등학교부터 고등학교 전 학년에 걸쳐 수영을 가르치고 있어. 대부분의 학교에 수영장도 있고…." 당시에 나는 교육위원회 야당 간사로서 MB 정부의 수월성 교육을 막기 위해 외고, 자사고, 특목고가 1% 상위권 학생들만의 리그라는 점을 부각시키고 있었다. 그런 상황에서 공창배 선배님의 제안은 말도 안 되는 소리로 치부하고 넘기고 말았다.

그런데 2011년 봄, 아침에 테니스를 하다가 갑자기 '학교에서 수영을 가르치는 것이 과연 불가능할까'라는 물음표를 던졌고 보좌진과 가까운 교장 선생님들과 상의를 했다. 물론 모두 반대했다. 오산에는 수영장이 한 개밖에 없고, 기존의 수영 동호인들이 반대하며, 더 많은 강사와 이동 차량이 필요하고, 무엇보다도 안전사고 우려가 크기 때문에 수영 수업은 불가능하다는 의견이었다. 그래서 포기하려는 찰나 운천초 고일석, 운산초 박성순, 화성초 위성정 세 분의 교장 선생님들께서 시범적으로 해 보시겠다고 나서셨다. 한 학기 수업 후에 대박이 났다. 아이들이 즐거워하고, 아이들의 표정이 밝아졌으며, 왕따 문제가 해소되어 학교 분위기가 달라졌던 것이다. 수영 수업을 받고 오면 밥을 맛있게 먹어 좋다는 학부모님들의 목소리도 들렸다. 특히 가정 형편이 어려운 아이들이 수영장에 처음 가 보았다는 말을 듣고 교육 불평등 해소의 일환이라는 생각도 들었다.

세 분의 교장 선생님들께서 수영의 전도사가 되어 다른 학교 교장 선생님을 설득했더니 어느 정도 거부감이 해소되는 듯했다. 그러나 이동하는 데 버스가 필요하고, 수업에 필요한 강사를 충원하는 현실적인 문제로 시청과 교육청에서 난감해했다. 버스는 이화다이아몬드 회사 통근 차량과 오산침례교회 버스 그리고 부자관광으로부터 후원을 받아 해결했다. 부족한 강사는 수영 동호인 마스터급 중에서 자발적으로 신청을 받아 교육하여 명예 강사로 육성한 후 수업에 투입하기로 했다. 2012년, 드디어 초등학교 3학년을 대상으로 전면 수영 교육을 시작했다. 올해가 벌써 11년째다.

2014년 세월호 참사 이후 안전 교육에 대한 국가 사회적 관심이 높아짐에 따라 오산의 수영 교육이 주목받기 시작했고, 그해 가을 3번째 수영 콘퍼런스에는 당시 황우여 교육 부총리가 참석했는데 크게 감동받은 부총리께서 교육부가 오산을 벤치마킹하여 전국적으로 수영 교육을 확대하도록 지시했다. 이렇게 박근혜 정부에서 시작된 수영의 전국화는 문재인 정부에서 국가 교육 정책으로 채택되어 초등학교에서 의무화되었다. 2022년 기준, 오산시에는 수영장이 3개로 늘어서 유치원생과 초등학교 4, 5, 6학년이 무지개 수영과 생존수영을 하고 있다. 오산은 명실공히 수영으로 안전하고 건강한 도시로 자리매김하게 되었다.

하지만 생존수영 교육은 여전히 갈 길이 멀다. 전국의 모든 아이들이 오산 아이들처럼 좋은 환경과 시스템에서 충분한 혜택을 받길 희망한다. 일본의 초등학교 수영장 보유율이 90%에 이르는 것에 비해 우리나라 6000여 개의 초등학교 중 수영장 보유 학교는 1.3%에 불과하다. 학교에 수영장을 지어 학생의 수업도 진행하고, 아울러 지역 주민들에게도 개방하는 오산의 원동초 복합시설은 주민과 학교가 협력하는 좋은 대안이다.

나는 2004년 학교 복합시설을 최초로 제안했고 교육부와 문화체육관광부를 비롯한 관계 부처에 학교 복합시설의 필요성을 꾸준히 설파해 온 복합시설 전도사이다. 다행히 대통령 산하 국가균형발전위원회에서 복합시설을 주요 사업으로 실시하고 있어 학교 복합시설이 늘어나고 있는데, 최근엔 경기도와 교육부, 문체부를 한자리에 모아 경기도 학교 복합시설 촉진을 위한 협의를 했고 협약도 체결되었다.

2026년에는 노인 인구 천만 명으로 초고령사회를 앞두고 있다. 수영은 나이와 상관없이 할 수 있는 운동이고 관절에 효과적이므로 100세 시대에 필수적인 운동이며, 생명을 지키는 운동이다. 특히 삼면이 바다로 둘러싸이고 강과 하천이 많은 우리나라에서 수영 교육은 모든 학생들에게 필요한 생존 교육이다. 생존수영을 대한민국에서 처음으로 시작한 오산이 자랑스럽다. 함께해서 이룬 오산 수영 신화이다.

수영, 통기타 찍고
외국어로 가즈아

대학에서 교육학 수업을 들을 때 교수님께서 남긴 말을 내 평생 교육의 기본으로 삼고 있다. "공교육은 세 가지를 이루어야 한다. 평생 즐길 수 있는 악기 한 가지, 평생 건강을 지킬 수 있는 운동 한 가지, 그리고 평생 무기로 삼을 수 있는 외국어 한 가지 이렇게 세 가지를 공교육에서 가르쳐야 한다." 역대 대통령마다 교육 개혁을 추진했지만, 학생들이 행복하지 못한 이유는 이 세 가지를 도외시하고 입시라는 교육 틀에 매몰되었기 때문이다.

나는 초선 국회의원 시절부터 교육 관련 상임위에서 오랫동안 활동하면서 국가가 교육의 본질을 훼손하지 말 것을 요구했다. 인성 교육과 악기, 운동, 외국어 교육을 강조했다. 공부에 흥미 있는 학생들은 알아서 열심히 한다. 다수의 평범한 학생들이 행복한 학교생활을 보낼 수 있도록 해야 한다. 위의 세 가지를 학교에서 열심히 가르치면 대한민국 교육이 변할 것이다. 지금까지 우리 교육은 어떻게 살 것인가는 가르치지 않았다. 행복과는 무관한 국·영·수 위주의 대학 진학을 위한 교육으로 왜곡되어 있는 현실이 참으로 안타깝다.

오산 학생들에게 수영과 통기타를 가르치자고 제안한 이유는 단순하다. 국가가 하지 못하는 제대로 된 교육을 오산에서 시작해 보자는 취지였다. 결국 수영은 오산에서 성공 신화를 만들었고 전국적으로 확산되어 국가 정책으로까지 자리 잡게 되었다. 수영에 이어 통기타 교육 역시 대박이 났고 오산의 학생들이 초등학교를 졸업할 때면 누구든지 통기타를 칠 수 있게 되었다. 이것은 오산시, 교육청 그리고 지역사회가 함께 협력한 결과다.

그런데 2011년 수영을 가르치자고 처음 제안했을 때 어느 누구도 찬성하지 않았다. 찬성은커녕 저항이 이만저만 아니었다. 교장 선생님들과 교사들, 시청과 교육청 전부 반대했고 심지어 보좌진들도 결사반대했다. 아무리 설득해도 들으려 하지 않았다. 안전 문제, 이동 수단 문제, 강사 문제, 샤워실 문제 등 크고 작은 반대 이유가 열 가지나 되었다. 그런데 당시 운천초 고일석 교장 선생님 등 용기 있는 교장 선생님 몇 분이 시범적으로 해 보겠다고 의사를 밝혔고, 아이들이 좋아하는 것을 본 그분들이 다른 교장 선생님을 설득해서 가능해졌다. 이렇게 시작된 수영 교육이 지금은 트레이드마크가 되었고 아이들이 건강하고 행복한 교육의 모델이 되었다.

2016년부터 도입된 오산 초등생 통기타 교육은 현재 5, 6학년 모든 학생들이 받고 있다. 2015년 가을 생면부지의 삼익악기 김종섭 회장님을 만나 통기타 1,000대를 기부해 줄 것을 부탁드렸더니 즉석에서 수락해 주셨다. 삼익악기 회장을 하며 평소 자신도 학교에서 학생들이 통기타를 배우기를 소망해 왔기에 오산에서 자신의 꿈이 이루어지길 바란다고 하셨다. 김상곤 교육부 장관 시절 오산의 통기타 교육 신화를 소개하며 전국 모든 학교에서 악기 교육을 하도록 간곡히 요청했지만 실천으로 이어지지 못해 참 아쉽다. 악기 교육은 인간의 삶을 풍요롭게 한다. 오산에서 통기타를 익힌 학생들은 평생 즐기며 오산의 교육을 기억할 것이다.

수영과 통기타 신화에 이어 이제는 외국어로 가야 한다. 이

미 수년 전 오산비행장의 군인들과 군인 가족들이 오산 아이들에게 영어를 가르치도록 제안했는데, 그리 좋은 성과로 이어지지는 않는 듯하다. 오산은 다문화 가정의 주부들을 강사로 활용하면 아이들에게 베트남어, 중국어, 일본어를 가르치는 것이 가능할 것이다. 가령 세교 10단지에는 사할린에서 이주해 온 어르신들이 70여 분 살고 계신데 이분들 중에는 박사나 인텔리 출신들이 꽤 있다. 이분들이 인근의 필봉초를 포함하여 세교 지역의 아이들에게 러시아어를 가르치는 것이 충분히 가능하기 때문에 어르신들께 적절한 강사료를 지급하면 서로에게 도움이 될 것이다.

▲ 오산에서 열린 사할린한인회 귀국 10주년 기념 효도잔치

또 신궐동 지역의 대호초는 다문화 가정 출신 아이들이 유

난히 많다. 저학년의 경우 셋 중에 한 명꼴로 다문화 가정 출신
일 정도다. 이 아이들의 부모를 교육해 아이들 수업 시간에 외
국어 강사로 활용하는 프로그램이 있다. 운천초의 경우 중국어
수업을 대대적으로 실시하고 있는데 귀감이 되고 있다.

▲ 신궐동 대호초 다문화 가정 면담

　수영, 통기타 신화에 이어 외국어 신화가 성공할지 두고 볼
일이다. 초등학교 졸업할 때 오산의 모든 아이들이 수영과 통
기타를 할 수 있는 것은 경이로운 일이다. 여기에 더해서 모든
아이들이 평생 무기로 삼을 수 있는 외국어를 한 가지씩 하게
된다면 얼마나 좋을까?
　만약 외국어 교육의 신화를 일구어낸다면 오산의 교육은 대

▲ 신귈동 대호초 베트남어 교실

한민국 공교육의 성공적 모델로 인정받을 것이다. 그러기 위해서는 지역과 학교 간의 협력이 이루어지고, 지자체와 교육청의 칸막이를 허물어야 하는데 오산은 좋은 사례다.

학교는 학생들에게 악기 한 가지, 운동 한 가지, 외국어 한 가지를 가르쳐야 한다. 쓸모없는 죽은 교육에 필사적으로 매달려, 사교육비에 허리가 휘고 공교육은 붕괴되었다. 국가는 교육의 본질을 추구해야지 제도에 매몰되어서는 안 된다. 학교가 해야 할 일을 헌신적으로 하고 있는 오산의 모든 교육 관계자들과 학부모님들께 감사드린다. 또한 오산의 아이들이 기특하고 자랑스럽다. 오산의 아이들에게서 오산의 희망찬 미래를 본다.

평택호~오산천~한강
그린웨이의 꿈

정치인도 꿈을 꾼다. 정치인이 꿈을 실현하기 위해서는 많은 사람들에게 공감을 얻고 공무원들을 설득하며 예산과 정책을 만들어야 한다. 때로는 지치고 힘들지만 쉽게 이룰 수 있는 꿈은 없기에 진정성을 가지고 인내하며 추진한다. 오산이 대한민국 생존수영의 메카가 된 것은 교육 주체들이 실현하고자 하는 안전 교육과 공교육에 대한 가치와 철학을 포기하지 않고 인내하며 노력한 결과라고 생각한다.

나는 초선 시절부터 오산천에서 한강까지 자전거 길을 만들겠다는 꿈을 꾸었다. 재선 때인 2009년 가을 국회에서 '평택호~한강 친환경 자전거 도로 토론회'를 주최했다. 당시 여당이었던 평택의 원유철 의원, 화성의 박보환 의원, 용인의 박준선 의원과 공동으로 했는데 오산과 접해 있는 평택, 화성, 용인의 협력 없이는 불가능한 일이기 때문이었다. 특히 야당 의원 신분인 나에게는 이웃 지역 여당 의원들의 도움 없이는 어려운 일이었다. 당시에 오산천 동탄 구간은 자전거 도로가 없었고, 용인의 구성역부터 한강까지는 탄천을 거쳐 자전거 도로가 잘 정비되어 있었다. 그래서 평택 구간을 연결하고 동탄 구간과 용인 일부 구간을 연결하여 평택호에서 한강까지 100km 자전거 길을 완성하자고 제안했다. 이 제안을 바탕으로 2010년 초 당시 김문수 경기도지사가 '평택호~한강 친환경 자전거 길 그린웨이(Green Way)'를 완성하겠다고 발표했다. 김문수 지사는 그린웨이 발표 후 지사직을 떠났지만 그 후 10년 넘게 그린웨이를 실현하기 위한 노력은 계속되었다.

먼저 화성시장을 설득하여 동탄 구간 자전거 길이 수년 전 잘 완비되었다. 그린웨이의 첫 단계로 오산~동탄 구간의 자전거 도로가 연결된 셈이다. 나는 오산천에서 한강까지 자전거를 타고 두 번 완주한 적이 있다. 오산천에서 기흥저수지 구간과 구성역에서 탄천을 거쳐 한강까지의 구간은 잘 정비되어 있다. 문제는 용인 시내 구간을 연결하는 것인데 용인시에서 계획을 수립하여 추진 중에 있다.

2018년 지방선거 때 용인과 평택시장 후보에게 그린웨이를 설명하며 설득한 결과 두 후보가 선거 공약으로 채택하였고, 당사자인 백군기 용인시장과 정장선 평택시장이 당선되었다. 두 후보의 선거 지원 유세에서 그린웨이의 꿈을 함께 실현하고 싶다고 역설했는데, 두 후보가 당선되었으니 미력이나마 보탠 결과가 되었다. 이런 연유로 두 시장은 나와 약속한 그린웨이의 꿈을 현실화하는 노력을 함께했다. 머지않아 한강~오산천~평택호에 이르는 100km 자전거 길도 완성될 것이다.

남은 것은 평택 구간인데, 이미 오산 끝 지점부터 평택 황구지천이 만나는 지점까지 자전거 길이 잘 만들어졌다. 2019년에 평택시장과 국회의원을 비롯하여 평택과 오산의 정치인들이 함께 평택 구간을 자전거로 탐사한 적이 있다. 10년 전 원유철 의원과의 약속이 걸음마를 하게 된 셈이다. 늦게라도 평택 구간을 위해 평택의 정치인들이 팔을 걷어붙이고 함께 탐사하게 된 것은 다행이었다. 사실 화성의 정치인들과는 2009년 봄에 자전거 탐사를 했고 그 힘으로 동탄 구간을 마무리할 수 있었는데, 공교롭게도 그날이 고 노무현 대통령 서거일이라 더욱 기억에 남는다.

그린웨이는 코로나19 시대 이후의 힐링의 길이 될 것이다. 언택트 문화가 보편적으로 자리 잡으면서 실내 활동보다 등산

이나 하이킹 같은 야외 활동을 선호하게 될 것인데, 이미 오산
천에는 산책이나 자전거를 타는 시민들이 이전보다 몇 배나 많
아졌다. 시민들은 서울에서 오산, 그리고 평택까지 건강과 여
가를 즐기며 그린웨이를 달리게 될 것이다. 그린웨이는 서울과
경기 남부 시민들을 이어주는 소통의 역할을 할 뿐만 아니라 출
퇴근용으로도 효자 역할을 할 것으로 기대한다.

▼ 자전거 도로 평택 연결 기원 행사, 2020. 6. 20.

오산천에
허브를 심으며

코로나19의 끝이 보이지 않는 우울한 시절이 있었다. 처음 코로나19 환자가 발병했던 2020년 설날 연휴 때엔 봄이 오면 코로나19가 종식될 것이라고 했지만 팬데믹은 3년이 넘게 지속되었다. 끝을 모르던 2020년, 우울함을 극복하기 위해 엄동설한에 꽃씨 하나를 묻는 심정으로 오산천에 허브 정원을 만들었다. 민주당원들이 가꾸는 작은 정원이지만 시민들에게 허브 향기를 전하며 코로나19 시기에 힐링의 공간이 되기를 바라는 마음이었다.

2015년 오산천 시민 정원을 처음 제안한 이후 계속해서 시민들의 참여와 헌신이 많아지고 있다. 사회단체, 농협, 향우회 등이 정원을 한 개씩 맡아 책임지고 가꾸고 있는데 참여하는 사람들의 노력과 성의가 감동적이다. 오산대 권영탁 과장은 매주 금요일 물 주기 당번을 맡았다고 자랑하듯 말했다. 100개가 넘는 경로당 어르신들이 정원을 한 개씩 맡아 가꾸고 유치원 어린이집 아이들도 눈높이에 맞는 오산천 정원을 만들어 가꾼다면 오산천에는 수년 내에 수백 개의 정원이 만들어질 것이다. 시민들이 자발적으로 참여하는 오산천 정원을 보기 위해 전국에서 관광객들이 몰려들 수도 있다. 상상만 해도 설레는 일이다.

▲ 당원과 함께하는 오산천 물향기 허브 정원 가꾸기 행사, 2020. 6. 19.

지금의 오산천도 감탄할 만큼 아름답고 예쁘게 가꾸어져 있다. 20년이 넘는 시간 동안 시민들과 함께 오산천 생태 하천 복원을 위해 노력한 덕분인데, 20년 가까이 지난 2017년에는 수달이 나타나 오산천 생태계가 건강하게 회복되었음을 알려주었다. 그러나 오산천의 꿈은 여전히 진행 중이다. 영국의 템스강 정원 박람회처럼 대한민국의 오산천 정원 박람회를 만들기 위해 오산천 식생 전문가인 중앙대 안영희 교수와 함께 오산천을 탐방한 적이 있다. 2000년, 내가 대학교수였던 시절 오산천 살리기 환경운동을 하던 때 오산천의 꿈을 나누었던 사람이 바

▲ 오산천 탐방, 2018. 10.

로 안영희 교수다. 우리나라 원예 분야 권위자인 안영희 교수
가 오산천에 매료되어 수없이 오산천을 거닐며 지금의 오산천
이 되도록 도와주었는데 진심으로 감사한다.

　20년 후 오산천은 어떤 모습일까? 수십 개의 허브 정원을 시
민들이 가꾸고, 오산천 곳곳에 야생화가 흐드러지게 피고, 20
리 길 오산천에는 시민들이 가꾼 수백 개의 정원에 수백 종의
꽃들이 만발해 있을 것이다. 오산천의 꽃과 정원을 보기 위해
해외와 전국 각지에서 사람들이 몰려오고 봄가을엔 오산천에
서 정원 박람회가 열릴 것이다. 그럼에도 불구하고 오산천의
수달은 더 많은 가족을 거느리며 살 것이고 수질은 더 맑아져
아이들이 멱 감는 오산천이 될 것이다. 아름다운 오산천은 시
민들의 자랑이자 자부심이 되어 후세에게 물려줄 것이다.

기흥저수지,
60년 만에 오산천 방류

오산천 상류에 있는 기흥저수지 물이 오산천으로 방류된다고 생각한다면 오산이다. 기흥저수지의 물은 농수로를 통해 운암뜰을 거쳐 진위천에서 합류한다. 저수지가 생긴 1964년 이후 지금까지 우수기나 장마철 때만 저수지 수위 조절을 위해 저수지에서 오산천으로 방류되었을 뿐이다. 특히 11월부터 3월까지는 오산천으로 전혀 방류되지 않는다. 저수지의 물이 오산천으로 흐르지 않으니 오산천 건천화 문제 해결은 오산천 살리기의 핵심 과제였다.

시민들과 함께 오산천 살리기 환경운동을 시작했던 20여 년 전까지만 해도 오산천 상류에 있는 기흥저수지 물이 맑아야 오산천이 살아날 것이라고 잘못 알고 있었다. 물론 아직도 대부분의 시민들은 오산천의 물이 기흥저수지에서 흘러내리는 것으로 알고 있다. 오산·화성 환경운동연합 운영위원장을 하던 2001년 오산천 살리기 전문가 토론회에서 오산천 수질을 개선하기 위해 수량 증가가 필요하니 기흥저수지 물이 오산천으로 흘러야 한다는 주장이 나왔다. 그런데 당시 기흥저수지 수질 등급은 5등급으로 아주 상태가 좋지 않았다. 심지어 악취까지 났다. 오산천 수량 확보를 위해 기흥저수지 물을 오산천으로 흘려보낸다면, 마치 여우 피하려다 호랑이 만나듯 오산천 수질이 나빠져서 생태 환경은 더욱 악화될 것이 뻔했다.

그러다 내가 초선 국회의원이던 2007년 삼성전자 기흥 사업장에서 오수를 오산천으로 흘려보내겠다는 제안을 받았다. 당시 오산 지역 활동가들의 의견은 반반으로 나누어졌다. 오산천에 삼성전자 오수를 받지 말자는 측과 받자는 측의 이견은 뚜렷하게 나누어졌다. 오수를 받으면 오산천 수질이 더욱 악화되고 생태계가 파괴될 것이라는 주장과 글로벌 기업인 삼성전자의 오수 정화 처리 수준을 믿고 오산천 수량 확보를 위해 물을 받자는 찬성 의견이 팽팽했다. 나는 후자 쪽이었고 반대하는 사람들을 설득해서 결국 하루 5만 톤의 오산천 방류를 허용하기로 했다. 단 삼성전자에서 처리된 수질이 오산천 수질보다 좋아야 한다는 전제였다. 그런데 문제가 발생했다. 오수 처리 후 수질은 문제가 안 되었지만 물의 온도가 오산천 수온보다 높아 생태계에 미칠 영향이 우려되었기 때문이다. 그래서 방류를 중단하고 수온을 낮추어 줄 것을 삼성에 요구했고 삼성은 수백억 원을 들여 시스템을 개선하여 수질과 수온을 개선한 물을 오산천으로 방류하게 되었다.

이것이 지금까지 오산천의 건천화를 막고 수량이 사시사철 유지될 수 있게 된 사연이다. 만약 그때 삼성이 오산천 대신 원천천으로 방류했더라면 오산천은 여전히 건천화되었을 것이고 수달도 돌아오지 못했을 것이다. 삼성전자 방류가 시작되고 15년도 더 지난 지금 오산천 생태계는 아주 좋아졌다. 수량이 수질을 개선했고 사시사철 일정한 수량 덕분에 생태계도 좋아져 각종 물고기와 식물, 그리고 겨울엔 다양한 철새가 오산천을 찾아오게 되었다. 이제 수달은 오산천의 상징이 되었다. 더 맑은 오산천의 꿈은 여전히 진행형이다.

기흥저수지의 맑은 물도 오산천으로 흘러내린다면 오산천의 수량이 훨씬 풍부해지고 생태계가 더 좋아질 것이다. 그래서 내가 예결위 간사이던 2015년, 기흥저수지 수질 개선을 위해 국비 200억 원을 확보해서 용인시와 함께 기흥저수지 수질 개선을 위한 본격적인 노력을 했다. 어릴 적 기흥저수지에서 먹

감고 놀았던 기흥의 김민기 국회의원과 기흥저수지 살리기에 열정을 쏟았다. 김민기 의원과 함께 농림부 장관을 기흥저수지에 두 번이나 방문토록 했고, 저수지를 관리하는 농어촌공사 사장을 비롯한 직원들을 현장으로 부른 것은 헤아릴 수 없다. 그 결과 기흥저수지 수질은 거의 2급수 수준으로 개선되었으니, 오산천으로 저수지의 물을 방류하도록 할 때가 되었다.

▲ 1일 2만 톤 오산천으로 방류, 2021. 6. 11.

수년 전부터 농어촌공사 측에 오산천 방류를 수차례 요청했지만 이런저런 이유로 거부되어 불가능한 듯 보였다. 결국 김민기 의원과 함께 농어촌공사 사장을 만나 강력히 요청했다.

지성이면 감천이다. 결국 농어촌공사는 기흥저수지 1일 2만 톤의 오산천 방류를 결정했고, 방류가 시작되는 날 오산천 살리기를 위해 그동안 함께 노력해 온 사람들과 기흥저수지 개문의 역사적 순간을 함께했다.

▲ 기흥저수지 수문 개방, 2021. 6. 11.

기흥저수지 개문은 가슴 벅찬 순간이었다. 오산천의 미래가 더욱 밝아졌다. 수달과 시민이 공존하는 오산천은 오산의 자랑이자 후세들에게 물려줄 귀한 유산이다. 지금까지 오산천 살리기를 위해 헌신한 오산천 지킴이 지상훈 대표를 비롯한 시민들께 감사드린다. 이왕에 반딧불이가 돌아오는 오산천을 만들어 보면 좋겠다. 더 사랑받는 오산천의 꿈을 향해 시민들과 함께 달려갈 것이다.

걸어서 10분 거리에
도서관과 수영장을

지금까지 5선 국회의원을 하는 동안 교육 문화 체육 분야 한 길을 걸어왔다. 정치도 전문 시대라는 소신으로 전문성을 갖춘 정치인이 되고자 이런 결정을 내려 실천해 왔지만, 국회에서 이렇게 한 분야에서 붙박이 상임위를 고집하는 경우는 흔치 않다. 최순실 국정 농단과 정유라 입시 비리를 밝혀낸 것도 이 분야에 오래 있다 보니 가능했었다. 당시 독보적인 활약을 하여 국민께 촛불 혁명의 단초를 제공했다고 평가받는 것도 교육 문화 체육 분야의 전문가였기 때문에 가능했다.

집에서 10분 거리에 아이들과 어른들이 공유하는 도서관과 수영장이 있는 대한민국을 만드는 일을 꼭 하고 싶었다. 그래서 지역구 오산부터 도서관과 체육관 그리고 수영장을 많이 지어 왔다. 독일이나 영국처럼 학교 안에 복합시설을 지어 아이들과 어른들이 함께 사용하도록 하고 싶었다. 수영장, 체육관 등을 갖춘 오산 원동초 복합시설은 전국적인 모델이 되었다.

2004년 처음 국회의원이 된 직후 첫 번째 대정부 질의에서 당시 이해찬 국무총리에게 학교 복합화 시설을 정부 정책으로 할 것을 제안했었다. 학교는 부지를 제공하고 정부가 학교에 복합문화체육센터를 건립하여 주민과 학생이 함께 사용하자는 것이었다. 이러면 학교는 수영장을 포함한 스포츠센터를 가지게 되고 지자체는 부지 문제를 해결하여 누이 좋고 매부 좋은 격이었다. 시설 활용 측면에서도 학생들과 주민이 함께 사용하니 가성비가 훨씬 높았다. 사실 선진국 학교에서는 흔한 일인데 우리는 교육청과 지자체 간에 벽이 워낙 높다 보니 이런저런 이유로 불가능한 것처럼 보였을 뿐이었다. 학교는 예산 때문에 수영장을 지을 엄두를 내지 못하고, 지자체는 도심지에 스포츠센터를 지을 부지 확보가 어려운 형편이어서 복합시설은 박근혜 정부까지 정부 정책으로 수용되지 못한 채 흘러왔었다.

그사이 나와 오산 시민들, 오산시청, 교육청이 힘을 모아 원동초에 스포츠센터를 만드는 작은 기적을 이루어 냈다. 2013년 교육부 특별교부금 15억 원을 종잣돈으로 해서 2년간 75억 원의 예산을 모았다. 오산시 20억, 경기도교육청 30억, 경기도 10억 원을 힘겹게 만들었다. 애초에는 체육관만 지을 계획이었는데 내가 이왕이면 수영장까지 포함하는 스포츠센터를 만들어 주민과 함께 이용하는 복합시설을 짓자고 주장했다. 그 결과 공사도 예정보다 많이 지연되었다. 처음엔 반대가 많기도 했지만 결국 복합시설의 취지에 모두 공감하여 2017년 3월 원동초 스포츠센터가 완공되어 지금은 학생들과 주민들이 즐겁게 사용하고 있다.

흔들리지 않고 피는 꽃은 없다. 원동초 스포츠센터 건립도 몇 번의 흔들림과 반전이 있었다. 무엇보다도 경기도교육청이 획기적으로 30억 원을 지원하게 된 데에는 나름 사연이 있다. 2013년에 오산대 총장이 대학 안에 교육청 부지가 있어 공사 때마다 골치가 아파 교육청에 매각을 요청했더니 거절당했다고 하소연해서 매각 대금을 물어보니 대충 30억 원이라 했다. 순간 이 땅을 매각한 30억 원을 원동초 스포츠센터에 활용할 수 있겠다는 생각에 당시 구교열 교육장을 설득하여 매각을 성사시켰고, 김상곤 교육감에게 달려가 매각 대금을 원동초 복합시설에 지원해 줄 것을 간청한 결과 수용되었던 것이다.

2014년 하반기 동안 이재정 교육감에게 간청을 하고 설득한 끝에 30억 원을 원동초에 활용할 수 있었다. 간절하면 이루어진다는 교훈을 새삼 깨닫는 과정이었다.

공사가 지연되면서 원성이 높아지고 불만의 목소리도 들려왔지만 조금 늦더라도 원동초 아이들과 인근 주민들이 복합시설을 분명히 좋아할 것이라는 신념으로 설득하고 버텨 내었다. "욕먹기 싫으면 정치하지 말라."라던 김대중 대통령의 말씀은 정치인에게 진리와도 같았다. 목표를 세우고 소신 있게 일을 하다 보면 저항에 부딪히고 욕먹는 일은 다반사였다. 욕먹는 일을 꺼렸다면 원동초에는 체육관만 지어졌을 것이다. 지금은 아이들과 주민들이 수영장에서, GX룸에서 즐겁게 운동하고 행복해하는 것을 보면 욕먹으며 정치하는 보람을 느낀다.

▲ 원동초 스포츠센터

우여곡절 끝에 2017년 드디어 원동초 스포츠센터는 문을 열었다. 원동초 학생들은 모든 학년이 즐겁게 수영을 배운다. 근처 주민들도 스포츠센터에서 수영과 줌바를 즐기는 현장을 볼 때마다 복합시설은 더 확대되어야 한다고 생각했다. 그래서 문체부와 경기도교육청, 경기도에 복합시설을 제안했고 학교 복합시설의 모델인 원동초에서 역사적인 협약을 하게 되었다. 예산도 절약하고 부지 문제도 해결되고 활용도도 높은 학교 복합시설에 대해 국가균형발전위원회에서도 반드시 실현되어야 할 정책이라고 판단했다. 향후 학교 복합시설은 국가 정책이 될 것 같다. 한 정치인의 상상력과 아이디어가 국가 정책이 되는 것은 보람된 일이다.

▲ 학교 복합시설 건립 지원을 위한 업무 협약식, 2019. 12. 5.

2019년 말 오산 원동초에 박양우 문화체육관광부 장관과 이재정 경기도교육감이 와서 학교 복합시설 협약식을 가졌다. 장관급인 대통령직속 국가균형발전위원회의 송재호 위원장도 함께 서명했으니 실제로는 두 명의 장관이 오산에 온 날이었다. 경기도지사를 대신하여 부지사가 협약서에 서명했다. 문화체육관광부와 경기도교육청 그리고 경기도가 협약을 맺고 학교에 주민과 학생이 공유하는 스포츠센터를 건립하기로 함으로써 초선 시절부터 주장해 오던 학교 복합시설이 큰 진전을 보게 되었다. 다행히 윤석열 정부의 이주호 교육부 장관도 원동초 방문을 계기로 학교 복합시설 확충에 의욕을 보이고 있다. 모든 도시에서 집에서 걸어서 10분 거리에 체육관과 수영장 그리고 도서관을 만나는 꿈이 현실화되기를 희망한다.

한 뿌리 오산·화성,
상생하는 정조특별시 건설

　　오산과 화성은 역사적으로 한 뿌리이다. 정조대왕은 문화 융성을 실현하기 위해 수원에 화성 신도시를 만들었는데, 우리 역사상 최초의 신도시이다. 화성 융건릉과 오산 궐리사와 독산성은 정조의 숨결이 살아 숨 쉬고 있다. 오산·수원·화성 세 도시가 상생 협력하는 것은 역사적으로 한 뿌리를 복원하는 것일 뿐만 아니라 세 도시의 시민들에게 많은 이로움을 줄 것이다. 인구 면에서 수원은 120만, 화성은 95만, 오산은 24만 명 정도로 세 도시를 합치면 약 240만 명에 이르고, 면적도 서울시의 두 배에 달하니 세 도시가 힘을 모으면 아마 어마한 시너지 효과가 생기게 된다. 오산·수원·화성, 산수화의 상생 협력은 미래를 지향하는 지방자치 시대의 새로운 화두가 될 것이다.

나는 2010년 지방선거 직후 산수화 시장들에게 정조의 애민 정신을 이어받아 세 도시가 협력할 것을 제안하였다. 2012년 9월에는 용주사에서 산수화 상생협력위원회의 주최로 '정조·다산 리더십 토크 콘서트'를 개최해 상생 협력을 위한 토론을 진행했고, 동년 11월에는 정조에 관한 연구를 많이 한 도올 김용옥 선생과 산수화 정치 지도자들과 함께 3박 4일간 강진과 흑산도 기행을 다녀오기도 했다. 강진은 정조가 화성을 축조하도록 명했던 다산 정약용의 유배지이고 흑산도는 다산 정약용의 형 정약전이 유배 생활을 하며 생을 마감한 곳이어서 정조와 다산 정신을 계승하고자 하는 산수화 정신과도 맥이 닿은 곳이었다. 흑산도 기행까지만 해도 산수화의 상생 협력은 순조로운 듯했고 아주대 김홍식 교수의 주도로 공동 연구 용역을 발주하여 결과를 발표하는 등 정조특별시의 꿈은 영글어 가는 것 같았다.

그러나 세상은 호사다마였다. 화성과 수원은 수원비행장 이전 문제로 정치인뿐만 아니라 민-민 갈등이 증폭되었다. 수원시 염태영 시장과 화성시 채인석 시장은 불신의 늪으로 빠져들었다. 비행장 이전으로 인한 두 도시의 주민, 정치인의 갈등은 누구도 해결할 수 없는 고난도 이슈가 되었고 현재도 잠복되어 있다. 그러나 어려운 상황에서도 산수화 모임은 이어졌고 산수화 정치인들은 코로나 직전까지 10여 년간 매년 한두 차례 세 지역을 돌아가며 만났다. 2012년 산수화 상생 협력 협약식에 이어 2019년 산수화 상생협력협의회를 출범했다. 협의회 출범 은 다소 선언적이었지만 지난 10년간의 산수화 모임의 성과로 보아야 할 것이다. 2022년까지 '정조특별시' 선언을 하기로 한 약속이 지켜지지 못해 아쉽다.

▲ 산수화 상생협력협의회 출범식, 융건릉, 2019. 5. 28.

정조특별시는 세 도시가 인정하고 동의하는 가상의 도시이 다. 오산, 수원, 화성의 행정구역을 존중하면서도 문화, 경제, 교통, 교육 등 모든 분야에서 상생 협력하여 실질적으로 한 도 시처럼 소통하고 지원을 아끼지 않는다면 정조가 꿈꾸었던 애민 정신을 실천하고 문화 융성을 이룰 수 있을 것이다. 정조가 꿈꾸었던 세상은 만민이 골고루 잘 사는 세상이었고 장애인, 노인, 아동, 여성 등 사회적 약자가 차별 없이 사는 세상이었다. 국가가 이루지 못한 정조의 꿈을 산수화가 실천하는 것은 역사적 의미가 크고, 산수화의 모델을 전국적으로 확산하면 국가 발전과 지역 균형 발전에도 크게 기여할 것이다.

비행장 이전 이슈로 인해 수원, 화성 간의 갈등이 치유되지 못하고 어쩌면 비행장 이슈 해결 없이는 정조특별시가 진전되지 못할 듯하다. 정조특별시를 더 이상 미루지 말고 오산, 화성부터 시작하고 때가 되면 수원이 합류하는 플랜 B를 실천하면 될 것이다. 플랜 B는 정조특별시를 통해 상생 협력을 이룬 오산과 화성은 관할구역의 실질적 의미가 없어지고, 하나의 행정구역과 같은 기능을 수행할 수 있게 되며 오산, 화성 관할구역을 포괄하여 1개의 자치단체와 유사한 기능을 수행하게 된다. 교육, 소방, 산업 경제, 상하수도, 교통을 공동으로 관리하게 되면 비용 절감은 물론 주민의 삶의 질이 한층 높아지게 된다. 공공시설을 공동으로 이용하면 길 하나를 사이에 둔 화성 주민과 오산 주민이 서로 차별받는 일도 없어질 것이다.

상생 협력 방식은 오산과 화성 각 지역의 특성을 존중하여 단순 협의 기구 설립부터 공동위원회 구성 및 협의체 설치까지 가능할 것이다. 초기 단계에서는 경험 축적과 신뢰 구축에 중점을 두며, 공동 계획 수립, 공동 행정망 구축, 지자체 간 협정 체결, 공동 재정 지원, 인사 교류 할당제, 광역 시설 할당제 및 윤번 관리제 등이 포함될 것이다. 낮은 수준의 협력 기구 설립 단계에서는 협의회의 활성화, 공동 대응 프로젝트팀 운영, 자치단체 조합 설립 등이 가능하다. 마지막으로 높은 수준의 협력 기구 설립 단계에서는 두 지자체의 정체성을 유지하면서 상당 수준의 권한을 이양하는 광역 연합 또는 공동위원회 설치로 두 개도시가 마치 한 개의 도시처럼 운영될 수도 있다. 상생구역, 메트로폴, 메가시티의 순으로 전개될 것으로 예상된다. 오산천을 공유하며 오색시장에 장보기를 하는 동탄과 오산부터 상생구역으로 설정하여 협력하면 주민들의 호응이 클 것으로 기대한다.

정조특별시 같은 상생 시도는 이미 유럽에서 목격되고 있다. 독일의 메트로폴 루르(Metropole Ruhr)는 노르트라인-베스트팔렌(Nordrhein-Westialen)주 루르 지역의 거대 도시인 도르트문트, 뒤스부르크, 에센과 그 주변 지역으로 구성된 상생구역으로서, 주의 지원을 받아 에너지, 인프라, 교통, 쓰레기 소각 등의 문제에 공동으로 대처하고 있다. 우리나라에서도 상생 협력 사례는 많다. 구로구와 광명시는 환경 기초 시설 광역화에 따른 유사 시설 중복 투자 방지로 예산 및 소각 처리 비용을 절감했다. 노원구와 도봉구는 폐기물 처리 시설의 상호 공동 이용을 통해 상당한 순편익을 획득하여 경제적 타당성을 확보하기도 했다. 이천시에 광역 소각장을 설치하며 얻은 기대 효과 추정치는 2000억에 달한다. 20여 년 전 소각장과 하수 처리장을 오산시와 화성시가 빅딜한 사례도 있다. 최근 화성시 화장장 건립에 수원시와 평택시 등이 공동 투자하여 갈등 비용 절감은 물론 주민들에게 편의를 제공했다. 편의 시설의 경우 갈등 비용은 발생하지 않으나 행정 비용 낭비 방지를 위해 최소한으로 설치할 필요가 있다.

오산·화성 상생을 위한 정조특별시는 2023년 봄 오산천 오염으로 두 지자체가 원인 규명과 대책 마련을 하며 아이들 먹 감는 오산천을 위해 거버넌스 구성을 약속하면서 필요성이 명확해졌다. 동탄과 오산 시내 구간을 관통하는 오산천 15km를 더 맑고 푸르게 만들려면 통합 관리가 필요하다. 동탄 주민들은 주말이면 오산천을 따라 오산에 오고 오색시장은 이미 동탄 주민들이 애용하는 전통시장이 되었다. 2026년 트램이 완공되면 오산과 동탄은 본격적으로 하나의 생활권이 되어 경계 구분이 모호해질 것이다. 정치인들과 공무원들이 주민들의 편의와 삶

의 질을 우선 생각하여 한 뿌리였던 오산·화성이 상생하는 정
조특별시 출범을 기대한다.

반도체로 먹고사는
경기도와 오산의 비전

2023년 봄. 오산과 10km 떨어진 용인 남사에 삼성이 200만여 평 규모로 300조 반도체 투자를 하겠다고 발표하였다. 언론 발표 직전에 박학규 삼성전자 사장이 내게 전화로 귀띔해 주며 "오산에 부지가 없어 남사로 가게 되어 아쉽습니다."라고 했을 때 황금 노다지를 놓친 기분이 들었다. 삼성의 계획이 실현되면 경기 남부는 세계 최대의 반도체 클러스터의 입지를 더욱 굳건히 할 것이다. 경기 남부 중심에 위치한 오산은 남사 반도체의 배후 도시뿐만 아니라 세계 최대의 반도체 클러스터 중심 도시가 될 수 있다. 오산의 미래 비전을 AI와 반도체에 걸어야 하는 이유이다. AI와 반도체로 먹고사는 강소 도시 오산의 미래를 위한 준비가 필요하다.

▲ 반도체 클러스터 중심 도시 '오산'

    2021년 10월 21일 교육부 국정 감사에서 나는 반도체 웨이퍼를 손에 쥐고 교육부 장관에게 반도체 인재 육성의 중요성과 수도권 반도체 대학 필요성을 설명하고 협조를 구했다. 지금 생각하면 그 요청이 조금 과했던 측면도 있었으나, 그만큼 우리 사회의 먹거리 산업 육성을 위해 시급한 사안이었다.

    "교육부 장관님, 경기 남부의 기흥·화성·오산·평택·이천·용인으로 이어지는 세계 최대의 반도체 클러스터에 반도체 대학을 세워야 합니다."

"세계는 이미 반도체 패권 전쟁이 시작됐는데 우리는 수도권이냐 지방이냐 싸우고 있어요."

"제가 수도권 반도체 대학 설립 특별법을 추진하려고 합니다. 도와주시겠습니까?"

▲ 국정 감사에서 반도체 웨이퍼를 들고 질의하는 모습, 2021. 10. 21.

반도체 대학 신설은 바이든 미국 행정부가 선포한 반도체 패권 전쟁에 대응하기 위한 것이었다. 바이든 대통령은 반도체 웨이퍼를 흔들며 글로벌 반도체 기업을 소집해 반도체 수급 상황을 점검하고 국가 안보 차원에서 직접 챙기고 있었다. 반도체 설계부터 생산까지 글로벌 독자 공급망을 미국을 중심으로 재편하고 중국을 봉쇄하겠다는 전략이었다. 예상치 못한 미국의 선포에 세계가 놀랐다. 미국이 쏘아 올린 반도체 전쟁에 맞서 유럽연합과 대만, 일본, 중국 등 세계 각국은 반도체 산업을 경제와 안보의 전략 산업으로 육성하기 위해 총력전을 펼치고 있다.

우리 정부도 'K-반도체 전략 보고' 행사에서 문재인 당시 대통령이 직접 나서서 "메모리 반도체 세계 1위의 위상을 굳건히 하고 시스템 반도체까지 세계 최고가 돼 2030 종합 반도체 강국의 목표를 반드시 이뤄 내겠다."라고 국가 전략을 선언하고 범정부 지원 정책 발표했다. 당시 여당인 민주당도 반도체기술특별위원회를 출범시키고 반도체 특별법(국가첨단전략산업 경쟁력 강화 및 보호에 관한 특별조치법)을 여야 합의로 통과시켰고 2023년부터 시행 중이다. 총리실 산하 국가핵심전략산업위원회를 신설하고 국가 첨단 전략 기술 육성 및 보호, 특화 단지 육성 및 지원, 세제 지원, 전문 인력 육성 등을 지원하는 내용을 담고 있다.

반도체 산업은 국가 안보뿐만 아니라 경제 성장과 일자리 창출의 핵심 전략 산업이다. 1994년 삼성전자가 세계 최초로 256메가 D램을 개발한 이후, 우리나라는 메모리 반도체 분야 세계 1위 강국이 되었다. 반도체는 우리나라 수출의 20% 정도를 차지하는 최대 수출 품목으로 우리 경제의 버팀목이다. 국가의 미래 경쟁력을 좌우하게 될 '2030년 종합 반도체 강국'의 목표를 달성하기 위해서는 두 가지가 핵심 관건이다.

첫 번째는 경기도 K-반도체 벨트 육성이다. 화성·오산·기흥·평택·이천·용인 등 경기 남부 지역을 중심으로 삼성, SK하이닉스 등 국내외 기업들의 대규모 투자로 세계 최대의 K-반도체 생산 기지를 구축할 계획이다. 대기업과 중소·중견기업이 상생하는 반도체 생태계를 조성하여 반도체 기술력과 안정된 공급망을 구축하고 글로벌 반도체 경쟁력을 확보해야 한다.

두 번째는 반도체 인재 육성이다. 만성적인 인재 부족은 반도체 산업계의 가장 큰 애로 사항으로 우리나라뿐만 아니라 세계 각국이 반도체 인재 육성에 사활을 걸고 있다. 반도체 산업계 정부가 수립한 'K-반도체 전략'에 따르면, 반도체 성장 기반 강화를 위하여 절대적으로 부족한 인재 육성을 첫 번째 과제로 꼽고 있다. 반도체 산업의 전문 인력은 매년 1,500명 이상 부족한 실정이다. 정부는 향후 10년간 반도체 산업 인력을 3만 6천 명 양성하고 핵심 인력의 해외 유출 방지를 위하여 정책적·제도적 지원을 확대하겠다는 목표를 제시했다.

그러나 반도체 산업의 만성적인 인력 부족을 해소하기 위하여 정부가 내놓은 핵심 인재 육성 방안은 소극적이다. 정부의 방안은 국내 대학 반도체 관련 학과의 정원을 확대하거나 계약

학과 설치, 반도체 공유 대학 연합체를 늘려 부전공 및 복수 전공을 활성화하는 등에 맞춰져 있다. 이러한 소극적 방안으로는 산업계 요구와 정부 목표에 부응하지 못할 것이다. 교육부도 이러한 사정을 누구보다 잘 알고 있을 것이다.

그래서 국가 전략 산업 특성상 산업 단지와의 연계성을 고려하여 경기도 K-반도체 벨트와 연계한 반도체 대학 설립이 필요하다. 반도체 대학은 정부와 경기도의 전폭적인 지원과 함께 산학연 협력 체계를 구축하여 반도체 연구 인력, 실무 인력을 아우르는 전문 인력을 양성하고 지역 반도체 인재 육성 기관과 협력하는 반도체 인재 육성 컨트롤 타워 역할을 할 것이다. 반도체 강국, 수도권 반도체 대학 설립은 경기도 발전뿐만 아니라 대한민국의 발전과 인재 양성을 위해서도 반드시 필요하다.

3부

국민을 바라보는 정치

내가 꿈꾸는
대한민국

경기도지사 경선에서 김동연 후보에게 패배하여 2등으로 탈락했다. 경기도를 바꾸어 대한민국을 바꾸겠다는 꿈도 좌절되었다. 패배와 좌절을 겪었지만 내가 꿈꾸는 경기도와 대한민국의 꿈을 포기하지 않을 것이다.

경기도에는 31개 시군과 59개 국회의원 선거구가 있고, 1,400만여 명의 인구가 거주한다. 경기도는 하나의 국가와 같다. 경기의 인구는 덴마크, 스웨덴, 핀란드 등 노르딕 국가보다 많다. 아름다운 알프스와 정밀 기계 공업으로 알려진 오스트리아도 경기도보다 인구가 적다. 900만 명도 되지 않는다. 인구가 1100만여 명인 스웨덴은 우리가 부러워하는 국가이다. 복지 모델의 표본이고, 삶의 기본인 물, 공기, 대지가 깨끗하다. 그곳의 삶은 쾌적하다. 아동 수당과 같은 촘촘한 복지 제도와 잘 보존된 자연이 있어서 삶을 '권리 그 자체로' 누릴 수 있기 때문이다. 경기도도 유럽처럼 '쾌적한 행복 공동체'가 되어야 하지 않을까?

국가급 광역자치단체인 경기도는 쾌적한 행복 공동체가 되어야 한다. 이재명 지사는 경기 도민의 삶을 향상시켰는데, 김동연 지사는 이를 계승할 체계적인 정책이 필요하다. 내가 말하는 정책이란 경기도가 광역 사무에 의해 해야 되는 단기적이고 파편적인 행정적 조치를 의미하지 않는다. 정책은 끊이지 않고 흘러야 하는 물줄기와 같다. 정책의 물줄기를 따라 올라가 보면 중간에 소통의 정치가 있고, 물줄기의 시원에 해당하는 철학이 있다. 정치인의 철학과 정치가 결합되면서 정책이 수립되고 추진된다. 철학과 정치가 깃든 정책은 물줄기와 같이 국민의 생명을 유지시킨다.

정치인이 철학이 있다는 것은 가치를 추구한다는 말이다. 정치를 한다는 것은 자신이 추구하는 가치를 위해 타자와 소통하면서 합의를 이끌어 낸다는 말이다. 이러한 정치를 통해 구체적인 정책이 실현된다. 둥지는 누구에게나 편안한 곳이며 자립해서 세상으로 날아갈 수 있게 성장시켜 주는 곳이다. 대한민국과 경기도를 그렇게 누구에게나 둥지처럼 아늑하고 쾌적한 곳으로 만들어야 한다. 경기도에는 다양한 불안과 불편이 공존

한다. 경기도는 자치와 균형, 정의와 공정, 포용과 혁신, 소통과 협력이 실현되는 행복한 공간이 되어야 한다. 경기도가 변하면 대한민국이 변한다.

정치는 공동체의 행복을 실현하는 최고의 종합 예술이다. 정치는 사적 차원에서 우연히 실현되는 행복의 가능성을 공적 영역에서 최대화시켜 준다. 우리가 행복하기 위해서는 각자의 행운과 능력을 넘어 사회적 안전장치가 필요하기 때문이다. 선진적 공동체에서는 행복의 개인적 요소를 극복할 수 있는 사회 복지 시스템이 공정과 자유라는 가치에 의해 촘촘히 설계되어 있다. 누구나 공평하게 교육을 받을 수 있고, 누구나 자유롭게 자신의 진로를 탐색할 수 있으며, 누구나 아프면 병원에 가서 치료를 받을 수 있다. 누구에게나 주거의 권리가 실현된다. 청년들은 마음껏 도전할 수 있고, 부모는 아이를 키우는 데 부담이 없다. 대한민국과 경기도도 이러한 선진 시스템을 구축해야 한다. 정치는 모든 사람의 행복을 위한 사회 시스템을 만드는 종합 예술이다. 나의 정신적 멘토인 노무현 대통령도 이러한 맥락에서 정치의 중요성을 역설했다.

파주의 자운서원에 자주 갔다. 그곳에 가서 율곡 이이를 생각하곤 했다. 그는 경기의 사람이었다. 그는 원칙을 지키면서 현실에 유연하게 대처했다. 원칙, 가치, 이상을 견지하며 현실에 맞는 정책을 고안했던 것이다. 그의 정치는 원칙만을 고집하는 '경도(經道)의 정치'가 아니었다. 끊임없이 현실을 탐색하고 원칙을 현실에 비추어 저울질했다. 그래서 현실 감각이 있었다. 원칙 안에서 시의적절하게 현실을 고려하는 '권도(權道)의 정치'를 했던 것이다. 권도의 '권(權)'은 균형을 상징하는 저울추를 의미한다. 권도는 원칙을 지키며 현실과 소통하는 유연한 태도였다.

다산 정약용도 경기의 사람이었다. 그는 경기도 남양주에서 태어나고 떠났다. 그는 율곡의 권도 사상을 계승했다. 다산은 유네스코에서 선정한 세계 문화인물 100명 중 한 명이다. 율곡과 다산은 경기에서 현실과 이상의 조화를 꿈꾸며 살았다. 이러한 전통적 맥락에서 경기도에서 나의 정치는 권도의 정치가 될 수밖에 없을 것이다. 율곡과 다산도 현실과 소통하며 자신의 가치를 정책에 담았다. 현실과 동떨어진 탁상행정의 정책은 국민의 삶에 도움이 되지 않는다. 나도 경기의 선조가 그랬듯이 발로 뛰면서 '권도의 정치'를 실천하고 싶다.

'분권의 원칙'에 따라 광역단체와 기초단체의 자율과 자치를 보장하고, '균형의 원칙'에 따라 대한민국의 모든 지역, 집단, 개인이 고르게 성장할 수 있도록 하고 싶다. '정의의 원칙'에 따라 행복과 자유의 실현을 위해 법과 규칙을 공평무사하게 적용하며, '공정의 원칙'에 따라 평등한 기회와 권리를 보장하는 과정을 만들어 내고 싶다. '포용의 원칙'에 따라 모든 국민에게 안정된 삶의 기회를 제공하고, '혁신의 원칙'에 따라 국민이 창의적으로 새로움에 도전할 수 있도록 해야 한다. '소통의 원칙'에 따라 지역의 다양한 갈등 문제를 사회적 대화 기구로 해결하며, '협력의 원리'에 따라 현안에 대해 중앙정부와 광역 및 기초자치단체가 협치를 펼쳐야 한다.

　권도의 정치는 바로 이러한 여덟 가지 원칙을 지자체의 현실과 중앙정부의 현실을 고려하면서 구현하는 것이라고 생각한다. 그래서 나는 실현 가능성이 있는 정책을 제시하고자 한다. 지자체의 현실에 맞고 주민의 불편함을 해소하기 위한 정책이 정부의 정책과 일맥상통한다면, 정책의 실현 가능성은 높을 것이다. 정책이란 실현 가능해야 정책이 된다. 아무리 아이디어가 좋아도 그 정책 자체가 현실을 고려하지 않거나 정책을 추진하는 정치인이 독단적이어서 결과 없이 갈등만 양산한다면, 그것은 국민이 바라는 권도의 정치가 될 수가 없다.

피케티, 샌더스
그리고 안민석

국정 농단에 분노한 시민들은 촛불 혁명으로 정권이 바뀌자 사람이 먼저인 나라가 저절로 될 줄 알았다. 나라다운 나라가 만들어질 줄 알았다. 정의로운 세상이 될 줄 알았다. 더는 역사의 반동은 없을 것이라고 믿었다. 촛불 시민들이 원했던 검찰 개혁, 언론 개혁, 재벌 개혁, 교육 개혁이 실현되고 불평등도 해소될 거라고 생각했다.

기대가 컸던 만큼 실망도 컸다. 안타깝게도 촛불 시민들이 원했던 개혁이 이루어졌다고 믿는 사람들은 거의 없다. 촛불 정부의 탓이든, 기득권과 보수 세력의 저항 탓이든, 나라다운 나라는 아직 요원하기만 하다. 엎친 데 덮친 격으로 코로나19의 급습으로 불평등이 심화되었고 보수의 반동은 노골화되었다. 사회적, 경제적 정의의 실현은 여전히 미완의 숙제로 남아 있다.

프랑스 경제학자 토마 피케티(Thomas Piketty)는 『21세기 자본』에서 부와 소득의 불평등을 해소하지 않으면 공동체가 위기를 맞는다고 경고했다. 미국 진보주의 정치인 버니 샌더스(Bernie Sanders)는 소득 불평등 해소가 지상 최고의 명제라고 주창해서 뜨거운 호응을 받았다. 토마 피케티와 버니 샌더스가 던진 화두에서 대한민국도 예외가 아니다. 코로나19의 긴 터널을 지나면서 약자들은 벼랑에 섰다. 피케티가 말한 것처럼 최소한 교육과 의료 분야에서는 모든 국민에게 동등한 혜택이 제공되어야 하고, 사회적, 경제적 정의를 실현하는 조세 정책과 공공 정책이 필요하다.

20대 시절 나는 마르크시즘에 탐닉하였다. 하부 구조가 상부 구조를 결정한다는 경제 결정론은 20대 나의 의식을 지배하였다. 그러나 30대 미국 유학 시절 그람시(Gramsci)의 헤게모니 이론을 배우면서 문화와 교육, 종교, 젠더, 스포츠 등을 통한 사회 구조의 재생산이 이루어지는 상부 구조의 자율성을 강조하는 새로운 인식의 지평을 얻게 되었다. 그 결과 그람시의 헤게모니 이론은 박사학위 논문에 적용한 이론적 배경이 되었다. 그람시는 시민사회에서 작동하는 정치의 중요성을 새롭게 정립했다. 나아가 정치, 정신, 문화의 힘인 상부 구조와 물질과 경제의 힘인 하부 구조가 상호 영향을 준다고 보았다. 그람시가 제시한 헤게모니 개념은 정치적 지도력의 원천을 물질적 힘에 한정시키지 않고 정신적, 도덕적, 의식적 힘으로 확장시켰다.

내가 국회의원을 하는 동안 교육과 문화 상임위만 고수했던 것도 그람시가 말했던 것처럼 상부 구조를 바꾸어 더 좋은 사회를 만들려는 지대한 관심 때문이었다. 코로나19 시대를 겪으며 심화되는 양극화와 불평등의 문제를 목도하면서 다시 물질적, 경제적 토대인 하부 구조에 관심을 가지게 되었다. 과거 20대 시절의 진보적 마인드로 마르크스를 떠올리며 토마 피케티와 버니 샌더스를 탐독하게 되었다. 지금의 시대정신은 불평등 해소이고 그 대안을 제시하는 정치인이 우리 시대의 진정한 지도자가 될 것이다. 코로나19 시대에 불평등은 더욱 심각해졌기 때문이다.

코로나19 전후로 세상이 달라졌듯이 정치의 관점도 달라져야 한다. 지금까지 나는 깨끗한 정치, 따뜻한 정치, 정의로운 정치를 표방하며 실천해 왔다. 깨끗한 정치를 위해 국회의원 내리 5선을 하는 동안 청렴하게 살았다. 따뜻한 정치를 실천하기 위해 백혈병 소아암 아이들을 위해 헌신해 왔다. 나아가 반값 등록금, 무상 급식 어젠다를 주도하며 정의로운 정치를 실천하였다. 특히 최순실 국정 농단을 천 일간 추적하였다. 박근혜 정부 권력 서열 1위 최순실의 국정 농단을 쫓는 것은 정치생명과 가족의 안전을 담보로 하는 위험한 일이었다. 외롭고 두렵고 험난한 과정이었다. 박근혜 정권은 2014년에 나의 구속을 시도하다 실패하였다.

코로나19 팬데믹을 겪으며 나의 정치적 모토를 '안전한 나라, 건강한 나라, 공정한 나라'로 정했다. 안전한 나라는 안심되고 살기 편안한 사회이다. 코로나19는 국민 안전이 가장 중요하다는 사회적 공감대를 확산시켰다. 내가 안전하려면 공동체의 안전이 필요하다는 인식과 더불어 나와 공동체는 하나라는 인식이 공유되었던 것이다. 세월호 이후 안전한 세상이 중요하다는 인식이 확산되기 전부터 나는 생존수영 전도사로 활약하며 오산에서 2011년부터 시작한 생존수영을 국가 의무 정책으로 채택하도록 했다. 나는 아이들과 여성들이 안심하고 밤길을 다닐 수 있는 안전한 사회를 갈망한다.

건강한 나라는 코로나19 이후 더욱 부각되었다. 이젠 안전과 건강은 아무리 강조해도 지나침이 없다. 국민 건강은 국가의 책임이다. 건강한 나라를 위해 누구든 운동할 수 있도록 걸어서 5분 거리에 운동 시설, 지도자, 프로그램이 있어야 하고 스포츠 클럽이 제도화돼야 한다. 내가 초선부터 주창한 스포츠 클럽 제도는 문재인 정부 국정 과제로 채택되었고 법제화되었다. 또 아픈 사람은 누구든지 치료비 걱정 없이 병원에 다니도록 의료 복지국가를 건설해야 한다. 의료와 운동을 통해 100세 시대 국민 건강을 국가가 책임지도록 하는 것이다. 국민이 건강해야 사회가 건강하다.

공정한 나라는 누구나 동등한 기회를 가지는 차별 없는 세상이다. 촛불 혁명은 검찰 개혁, 언론 개혁, 재벌 개혁, 교육 개혁을 통해 공정한 세상을 바랐지만 촛불 정부는 이를 담아내지 못했다. 기득권의 저항 탓만 할 것이 아니라 문재인 정부 스스로의 개혁 의지와 능력에 대해 성찰해야 한다. 불평등 격차를 좁혀야 한다. '기회는 평등하고 과정은 공정하고 결과는 정의로워야 한다.'는 구호가 효력을 잃게 된 것은 뼈아픈 대목이다. 코로나19로 불평등이 심화되었고 종식 후에도 빈부 격차가 심화되었다. 모두를 위한 정치는 불평등을 해소할 한국의 버니 샌더스를 갈망한다. 피케티의 주장처럼 불평등은 자본주의 사회를 위협하므로 부자들이 더 많은 세금을 내어 가난한 사람들을 위해 쓰도록 하는 사회적 동의와 합의 그리고 실천이 필요하다.

궁극적으로 공정한 사회를 위해 교육비는 국가가 부담해야 한다. 반값 등록금, 국공립 대학 무상 교육은 불평등 해소를 위한 실천이 될 것이다. 또 공정한 사회를 위해 다가구 소유주에 대한 강력한 보유세 부과와 집 없는 서민이나 청년 신혼부부를 위한 주택 마련 대책도 필요하다. 사회 안전망을 구축하기 위해 복지에 적극 투자해야 한다.

　깨끗한 정치, 따뜻한 정치, 정의로운 정치를 넘어 안전한 나라, 건강한 나라, 공정한 나라를 위해 살신성인하는 정치인이 되고 싶다. 도올 김용옥 선생께서 나에게 보국(輔國)이라는 호를 주셨으니 나라를 바로잡고 국민이 편하도록 보국안민을 실천할 것이다.

한 아이도 포기하지 않는
교육

복지 논쟁이 한창일 때, 두 번째 북유럽 교육 탐방(2011. 1. 22.~31.)을 다녀왔다. 교육과학기술위원회 국회의원들과 2010년 여름에도 다녀왔지만, 이번에는 혁신 교육에 관심이 많은 오산 지역 교장, 교사들 25명과 동행했다. 교육 탐방 9박 10일 동안 우리 교육이 북유럽 교육으로부터 배울 교훈에 대해 끝장 토론도 했다.

핀란드 교육은 '감동'과 '충격' 그 자체였다. 학교와 교사들은 더욱 질 높은 교육을 위해 존재하고, 학생들은 개개인이 인격체로 존중받았다. 교사는 사회적으로 존경받고, 교사가 되기 위해서 필수적으로 갖춰야 하는 석사학위를 밟고 있는 젊은 인재들이 사회에 넘쳐 났다. 학교 중앙에 도서관이 항상 위치해 있었고, 식당은 식사 공간으로만 활용되는 것이 아니라 숙제도 하고 토론도 하면서 친구들도 만나는 '교제의 장'으로 자리하고 있었다.

나는 자문해 보았다. 이런 것이 한국 학교에서도 가능할까? 아이를 낳은 여고생이 한 살짜리 아기를 데리고 학교에 왔다. 교실에서 잠을 자던 아기가 깨면 교사들과 친구들이 엄마 대신 아기를 돌봐 주는 이런 교실 풍경을 한국 학교에선 상상조차 하기 어렵다. 만약 이런 여학생이 있다면 가정과 학교와 사회로부터 소외당하고 인생 낙오자로 평생을 살게 될 것이다. 그런데 핀란드 고등학교 교실에서 우리가 상상할 수 없는 이런 일을 목격했다. 단 한 명의 낙오자도 만들지 않겠다는 핀란드 교육 철학이 사람을 위한 학교를 만든 것이었다.

핀란드 교육 중 가장 부러웠던 점을 꼽으라면, 단 한 명의 낙오자도 만들지 않겠다는 핀란드 교육 목표였다. 경쟁을 부추기지 않고, 협력을 통해 더불어 사는 공동체 의식을 가르치며 세계 공부 1등 나라가 된 핀란드 교육의 비결을 한국 교육이 성찰해야 한다.

핀란드처럼 당장 대학까지 무상 교육을 시행할 수는 없다. 하지만 양극화로 치달으며 잘사는 계층을 위주로 작동하는 미국형보다는 빈부 차이가 별로 없고 모든 국민이 행복하게 잘 사는 핀란드형 복지국가야말로 50년 후 대한민국이 꿈꾸어야 할 모습이 아닐까? 1948년부터 시작된 핀란드 무상 급식은 '평등이 최고의 효율'이라 믿는 인식에 기초하고 있다. 핀란드 학생들이 미국 학생들보다 비만도가 낮은 이유는 친환경 무상 급식 식단을 제공하면서 육류와 지방기 있는 음식을 통제하는 것과 관련이 있다. 학생들과 여러 번 무상 급식을 먹었는데, 한 달에 한 번씩 많은 학교가 동참하는 '채식의 날' 점심도 학생 건강에 대한 교육적 관심을 반영한다. 그러나 우리나라에서는 교육, 주거, 일자리가 여전히 정글의 법칙을 따르기 때문에 고통과 불안이 가중되고 있다.

그러면 OECD 국가 중 공부를 가장 적게 하고도, 세계에서 공부 1등을 하는 핀란드의 비결은 과연 무엇일까?

첫째, 모든 학생을 평등하게 대하는 '평등이 최고의 효율이다.'라는 교육철학이다. 핀란드의 경우 1985년에 이미 우열반을 폐지했다. 핀란드 교육 관점에서 보면 한국의 외고와 자사고는 경쟁을 부추기고 학교 간 서열화를 조장하는 촉매 역할을 하므로 폐지되는 것이 마땅하다. 또 학교와 학급 간 경쟁으로 치닫게 하는 줄 세우기 시험 역시 핀란드 교육자들의 눈에는 사람을 사람답게 만드는 교육이 아니라 인간성을 말살하고 교육을 망치는 행위로 보일 것이다.

둘째, 핀란드는 학교와 교과 운영 자율권을 교사들에게 부여했다. 핀란드는 학교마다 특색이 있는데, 두 학년을 묶어서 통합 교실을 운영하기도 하고 어떤 고등학교의 경우 아예 무학년제를 시행하기도 한다. 한국 교육도 학교에 재량권을 부여하고, 교장 승진 시스템 개선을 통해 유능하고 창의적인 관리자에게 학교 운영을 맡겨 보는 결단을 내릴 때가 되었다. 교사들을 신뢰하지 않고서는 자율권 보장은 불가능하다.

셋째, 교실 혁명을 실현했다. 핀란드 교육 현장에서 가장 부러운 것이 두 명의 교사가 한 반에서 협력 수업을 하는 것인데, 당연히 수업의 질이 높아질 수밖에 없다. 그리고 초·중학교에 해당하는 종합학교 교실에서 아이들은 4~5명이 한 조를 이루어 서로 도와주고 협력하면서 친구는 경쟁자가 아닌 공동체의 일원이라는 점을 배운다. 한국에 있는 시흥 장곡중학교도 전교생 전 과목 모둠 협력 수업으로 주목받고 있는데, 1년 만에 아이들의 표정이 밝아지고 성적도 향상되는 결과가 나타났다. 이는 우리도 혁신 교육을 통해 공교육을 정상화할 수 있다는 희망의 징조로 보인다.

핀란드는 어떻게 교육 개혁에 성공했을까? 핀란드 교육 개혁이 하루아침에 이루어진 것은 아니다. 1960년대부터 교육 개혁의 필요성이 대두됐고, 이에 정치권과 시민사회가 공감하면서 사회적 합의를 이끌어 냈다. 이번 탐방 중 만난, 20년간 핀란 드 교육 개혁을 주도한 에르키 아호(Erkki Aho)는 "교육 개혁의 출발점은 사회적 합의"라고 말했다. 정권 교체에도 불구하고 에르키 아호 국가교육청장이 개혁을 지속해서 주도할 수 있었 던 것은 '정권은 유한하고, 교육은 영원하다.'라는 인식적 합의 가 있었기 때문이었다. 교육은 혁명으로 이루어질 수 없고, 점 진적 개혁으로만 가능하므로 10년, 20년 후를 내다보는 혜안과 청사진 그리고 이를 실현하는 사회적 합의가 전제되어야 한다.

한국판 에르키 아호가 탄생하기를 갈망해 본다. 1년짜리 교 육부 장관이 되풀이되는 악순환에서는 아무리 유능한 인물이 라 할지라도 소신과 철학을 담아내는 정책을 시행할 수 없기 때 문이다. 우리 교육을 개혁하려면 에르키 아호처럼 장기간 개혁 을 디자인하고 실천하도록 정치권과 국민들의 협약이 필요하 다. 정권 교체와 무관하게 교육부 장관만큼은 최소 10년 임기 와 정치적 중립을 보장하면 어떨까? 신뢰받는 장관 한 사람이 10년 동안 교육 개혁을 추진한다면 우리의 교육도 바뀔 수 있 을 것이다.

핀란드처럼 대학 졸업자와 고교 졸업자 간 임금 격차가 적고, 의사와 육체노동자 간 삶의 질이 크게 다르지 않으며, 고등교육 만큼 전문교육을 존중하는 핀란드 사회와 우리의 학벌주의 사 회는 엄연히 다르다. 우리나라에서는 학교가 붕괴되고, 교육비 때문에 서민 경제 고통이 늘어나며, 일류대를 나와도 취업 걱정을 해야 한다. 이러한 한국 교육의 현실을 방치하게 될 경우, 우리나라는 희망을 잃게 될지도 모른다.

그렇다고 대안이 전혀 없는 것은 아니다. 질문이 살아 있는 토론 위주의 모둠 수업을 진행해야 하고, 교사들이 잡무에 부담 갖지 않도록 행정 전담 요원을 배치해 수업의 질을 높여야 한다. 이렇게 하면 아이들이 행복한 학교를 만드는 일이 전혀 불가능한 것은 아니다. 다행스럽게도 내가 발의한 국가교육위원회를 법제화하는 제정법이 국회 본회의를 통과하여 국가교육위원회가 2022년 9월 27일에 출범하였다. 한국 교육의 대전환을 기대해 본다.

정치꾼과
정치인

    2004년 초선 국회의원이 된 직후 송영길, 우상호, 임종석 등 당시 열린우리당 386 젊은 국회의원들과 함께 김대중 전 대통령께 인사를 드리러 동교동을 방문했다. 그때 내 나이가 40살이었으니 오로지 정의와 열정, 그리고 국가와 민족에 대한 사랑이 머리부터 발끝까지 충만해 있을 때였다.

    그날 김대중 대통령께서는 세 가지를 말씀하셨다. 첫째, 사물을 망원경처럼 넓게 현미경처럼 세심하게 바라보아라. 둘째, 원칙과 소신의 정치를 하려면 모든 이에게 지지받겠다는 생각을 버려라. 셋째, 정치꾼이 되지 말고 정치인이 되어라. 나는 금과옥조 같은 세 가지 말씀을 수첩에 적어 두고 항상 마음에 새기는 정치적 지침으로 삼았다. 김대중 대통령께서는 "다음 선거만을 의식하며 정치하는 사람은 정치꾼으로 평가받을 것이고, 다음 세대를 위해 정치하는 사람은 정치인으로 평가받을 것인데, 정치꾼과 정치인 중 어느 쪽이 될지는 당신들 스스로가 선택하라."라고도 하셨다.

그날 이후 나는 정치꾼이 아니라 정치인이 되겠다고 다짐했고 지금까지 정치인으로 평가받기 위해 나름의 노력을 해 왔다. 내가 국회 교육 분야만 고집하는 것도 전문성 있는 정치인이 되어야 한다는 소신의 일환이었다.

그런데 정치는 할수록 더 어렵다는 생각이 든다. 2022년 새해가 밝아 왔을 때, 혼자서 오산의 물향기수목원을 정처 없이 걸었다. '정치란 무엇인가'를 화두로 잡고 걷고 또 걸었다. 그날 나는 정치를 이렇게 정리했다. 정치란 '공동체의 사안(공적 사안)을 풀어가는 과정'이고, 그 과정에는 '소통'이 따를 수밖에 없다. 공적 사안은 공동체 구성원의 실존적 삶에 관련된다. 공적 사안을 풀어가기 위해서는 '함께 얘기하고 함께 결정하고 함께 실행하는 과정'이 진행되어야 한다. 그 과정이 바로 '소통적 활동'이다. 정치의 본질은 이러한 소통적 활동에 있다고 말할 수 있다.

정치인은 시민과의 정치적 소통의 과정에서 문제를 해결하고 목표 상태에 도달할 수 있는 수단을 '정책'으로 제시해야 한다. 정치인은 '나는 어떤 목표를 위해 어떤 수단을 찾는

가?'라고 자문할 때 자기 내면에서 방향타 역할을 할 정치적 신념을 지녀야 한다. 막스 베버(Max Weber)는 이를 '신념윤리(Gesinnungsethik)'라고 개념화했다. 정치인이 추구하는 '가치'가 바로 신념윤리이자 정치철학인 것이다. 정치인은 자신의 정치철학에 기초하여 정책을 제시하는데, 그것이 바로 정치인의 책임윤리이다.

나는 스스로에게 물어보았다. 어떤 정치철학을 가져야 할까? 이 질문을 실용적 차원으로 바꾸면 다음과 같았다. 정치인은 현대사회에서 어떤 가치를 추구해야 당면한 공적 사안의 문제를 잘 해결할 수 있을까? 우선 우리가 어떠한 사회에서 살아가고 있는지 생각해 보았다. 서구적 맥락에 따르면, 우리 사회는 근대화를 성취했다. 현재 우리는 근대화의 주요 요소인 합리성, 산업화, 관료제가 갖추어진 사회에서 살아가고 있다. 정신적 측면에서 인간의 이성을 인정하고 그 사용을 독려하는 계몽적 합리성이 보편화되어 있고, 경제적 측면에서 세계 시장의 네트워크에서 적절한 역할을 수행하는 산업 체계가 있으며, 국가적 측면에서 시민의 생활 세계와 시장을 법을 통해 통제하는 관료제를 갖추고 있다. 이와 더불어 정치적 절차라는 맥락에서 대의민주주의가 정착되었고, 사회 문화적인 측면에서 개인의 이익과 행복을 추구하는 개인주의와 개인적, 집단적 삶의 다양한 양상을 인정하는 다원주의가 보편화되고 있다.

근대화의 과정에서 취약점과 부작용도 드러났다. 수도권과 지방 간의 격차는 가장 두드러진 취약점이다. 수도권에 자본, 인력, 교육, 일자리 등이 집중되어 지방은 여러 면에서 뒤떨어진다. 국가 균형 발전은 우리가 근대화의 과정에서 놓친 부분이었다. 정치적 측면에서도 지방은 자결(自決)적 독립성이 부족하여 중앙의 정치적, 행정적, 재정적 결정 및 지원에 의존할 수밖에 없다. 나아가 사회가 자본과 기술의 논리에 의해 재편되면서 각종 부작용이 발생했다. 빈부 격차와 같은 사회적 불평등이 심화되었고, 환경오염과 기후변화는 체계적으로 관리되지 못했으며, 사람들은 자본과 기술을 무비판적으로 부와 편리함의 원천으로 수용하는 문화적 습성을 지니게 되었다. 이러한 과정에서 '인간과 환경'보다는 '자본과 기술'이라는 가치가 우선하게 되었다. 하지만 행복하고 건강한 삶을 추구하는 공동체에서는 인간과 환경의 가치가 회복되어야 한다.

자본과 기술의 효율성 논리에 따라 경제가 발전하고 생활이 편리해진 것은 사실이지만, 노동과 활동에 의한 인간 본연의 충만한 삶은 자본과 기술이 요청하는 속도, 효율성, 최적화에 의해 파괴되고 있으며 무엇보다 인간 존재성의 기초인 환경이 파괴되었다는 점도 사실이다. 기후변화는 인간의 생존을 위협하고 있으며, 생명의 원천인 물, 공기, 흙은 오염의 상태가 심각하다. 따라서 우리가 원하는 것은 '인간과 환경', '자본과 기술' 간의 균형이다. 그러한 균형을 성취하기 위해서는 정치의 영역에서 일정한 방향타가 필요한데, 나는 그 방향타가 인본주의와 생태주의에 입각한 정치철학이라고 생각한다.

현명한 정치인이라면 철학적인 차원에서 '자본과 기술'을 변증법적으로 지양(止揚)할 필요가 있다. 지양은 긍정과 부정이라는 두 측면을 동반한다. '자본과 기술'의 측면의 미흡한 부분을 '인간과 환경'의 맥락에서 보완하면서 '인간과 환경', '자본과 기술'을 균형화하고 종합화한다는 것을 의미한다. 그 과정에서 '자본과 기술'이 부정되기도 하지만 여전히 '자본과 기술'의 논리는 긍정된다. 인본주의와 생태주의는 바로 이렇게 '자본과 기술'을 지양하는 철학이자 공동체의 지속 가능한 성장을 가능하게 하는 철학이다.

나는 인간 존엄성의 가치를 실현하고 싶다. 인간 존엄성은 보편적이고 양보할 수 없는 인권에 기초한다. 인간은 각자 유일하고 자유로우며 권리와 존엄에 있어 평등한 존재이다. 정치는 이러한 인간 존엄성을 실현시켜야 한다. 정치는 개인의 자유와 평등을 실현시킬 때 그 정당성을 획득한다. 각자에게 자유란 무엇이고 어떻게 확보되는가? 민주주의와 자본주의 체제에서 자유는 욕구 충족, 자아실현, 선택과 책임, 상호 존중이라는 맥락에서 이해되며, 이러한 자유는 교육, 직업, 복지, 참여에 의해 확보된다. 각자가 자유롭기 위해서는 교육을 받아야 하고 노동을 통해 적정한 임금을 받아야 하며 주거, 의료, 교통, 영양, 문화, 연금 등의 복지를 누려야 하며 정치 과정에 참여가 보장되어야 한다. 나아가 각자가 평등하기 위해서는 모든 분야에서 기회가 공평하게 주어져야 하고 사회적 불평등이 세수에 의해 조정되어야 하며 사회적 투자(복지)를 통해 인간 존엄성을 유지시키는 생활 수준을 보장해야 한다.

나는 자연, 환경, 생태를 보존하고 싶다. 자연은 인간을 필요로 하지 않는다. 인간은 단지 자연의 일부이며, 인간은 절대적으로 자연을 필요로 한다. 깨끗한 물과 공기, 생물 다양성, 오염되지 않은 질 좋은 토양은 인간이 존재하는 데 필수적 요소이기 때문이다. 자연 없이는 인간의 삶도 없다. 인간이 자신의 존엄성을 지키며 살아가기 위해서는 청결한 자연이 필수적이다. 미래 세대의 자유, 평등, 건강을 위해서도 자연은 보존되어야 한다. 인간의 자유, 평등, 건강은 오염되거나 파괴된 자연에서 실현될 수 없다는 것은 명백한 사실이다. 새로운 기술도 인간의 자유와 환경을 보호하고 돌보는 차원에서 실용화되어야 한다. 이러한 맥락에서 생태주의 가치는 인본주의 가치와 서로 연결된다. 인간 존엄성의 실현은 자연, 환경, 생태의 보존과 기술에 대한 활용·통제를 전제하기 때문이다. 자연을 살아 있는 유기적 생태계로 인식하며 그 생태계를 보존하는 것이 그 생태계의 일부로서 인간의 삶을 건강하게 유지하는 길이다.

대통령 방미
특별 수행원

    문재인 대통령과 3박 5일간 방미 일정을 다녀왔다. 김경수 의원과 함께 특별 수행원 자격으로 동행했는데, 내게 주어진 특별 미션은 '문정왕후 어보'와 '현종 어보'를 환수하여 귀국길에 대통령 전용기로 모셔 오라는 것이었다. 약탈 문화재를 반환받는 일도 어렵지만 대통령 전용기로 환국한 일은 역사적으로 드문 사례였다.

    원칙과 명분을 중시하는 정치가 있고, 실리와 타협을 중시하는 정치가 있다. 정치란 원칙과 실리 중에 어느 한쪽으로 치우치면 안 되고, 현실주의자 마키아벨리(Machiavelli)가 말했듯, 시기와 상황에 따라 적절한 선택을 하며 원칙·명분과 실리·타협의 균형을 추구해야 한다.

▲ 대통령의 방미 특별 수행원

　문재인 대통령과 트럼프 대통령은 원칙과 실리 중에 어느 쪽에 가까울까? 구태여 구분하자면, 경향상, 문재인 대통령은 원칙과 명분을 중시하고 트럼프 대통령은 실리를 중시한다고 말할 수도 있겠지만, 사실은 둘 다 냉철한 현실주의자이다.

　인권 변호사 출신인 문재인 대통령은 상대를 배려하고 경청하는 자세가 몸에 배어 있다. 원칙과 명분에 부합되면 손해 보고 후회하는 한이 있더라도 대승적 판단을 한다. 사업가 출신인 트럼프 대통령은 실리를 추구한다. 미국에 경제적 이익이 되는 것이라면 이념을 초월하고 피아를 가리지 않는다. 겉으로는 이렇게 보이지만, 가만히 살펴보면 매번 원칙만 고집하는 것도 아니고, 매번 실리만 따지는 것도 아니다. 두 대통령은 현실주의자로서 항상 원칙·명분과 실리·타협의 균형을 찾고자 했다.

방미 주요 일정은 첫째 날에 장진호 전투 기념비 헌화, 둘째 날에 미 의회 방문, 셋째 날에 정상회담 순이었다. 돌이켜 보면 미 의회 방문과 정상회담은 동전의 양면처럼 연관되어 있었는데, 미 의회 상하원의 만남이 먼저 있었기에 정상회담의 성과가 훌륭했었다. 그만큼 문재인 대통령의 미 의회 방문은 대단한 의미가 있었고 실리와 이익을 추구하는 트럼프 대통령의 패를 읽을 수 있는 중요한 계기가 되었다.

미국 현지 시간으로 목요일 오전 10시 미 의회 하원을 방문하였다. 우리 측은 대통령을 포함하여 강경화 외교부 장관과 안보수석, 정책수석 그리고 특별 수행원인 나와 김경수 의원, 박수현 청와대 대변인이 참석했고, 미 하원의원 측은 공화당과 민주당의 원내 대표와 국방위원장, 외교위원장을 포함하여 9명의 거물급 의원이 참석했다. 양측이 회담장에서 서로 마주 보며 앉은 한 시간 동안 9명의 미 하원의원 전원이 문재인 대통령을 향해 질문을 던졌다. 일문일답식이었는데, 질문은 북핵 대응 전략, 사드 배치 문제, 한미 통상 무역 등 다방면에 걸쳐 매우 공격적이고 예리했다. 간담회가 아니라 흡사 문재인 대통령에 대한 일종의 미 의회 청문회 같은 느낌이었다. 사전에 짠 문답이 아니라 즉석에서 가장 민감한 이슈를 꺼내 드는 날카로운 질문들이 이어졌다.

▲ 미 의회 하원 지도부와 간담회를 하는 대한민국 방미단, 2017. 6. 30.

문재인 대통령이 북핵 문제는 압박과 제재만으로 해결되지 않고 대화와 협상이라는 '투 트랙 전략'이 필요하다고 오히려 조곤조곤 답변하니, 미 의원들이 대체로 고개를 끄덕이며 수긍하는 분위기로 반전되었다. 사드에 관해서는 절차적 정당성이 중요하다며 촛불 혁명을 만든 대한민국은 절차적 민주주의가 민주주의의 핵심이라고 설파했다. 환경 영향 평가를 하는 것에 대해 사드를 배치하지 않으려 한다는 의구심을 버려 달라고 단호히 말하니, 미 하원의원들이 신뢰하는 눈빛을 보이기 시작했다. 한미 통상 불균형을 우려하는 미 하원의 주장에 대해서도 한미 통상은 상호 이익이 되고 있고 그래야만 한미동맹도 더욱더 굳건하게 유지될 수 있다고 답변했다.

한 시간 동안 긴장감이 가득했던, 흡사 청문회 같던 미 하원 간담회는 상호 흡족한 표정으로 마무리되었다. 단 한 번의 실수와 주저함 없이 당당하게 답변했던 대한민국 문재인 대통령에 대한 존경심이 저절로 생겼고, 국익을 대하는 자세에 숙연한 마음이 우러나왔다. 다소 무례하게까지 보이는 질문에 나는 내심 불쾌했지만, 내색하지 않고 미 의회를 설득하고 설명하는 대통령의 모습을 보며 순간 울컥했음을 고백한다.

11시부터 한 시간 넘게 진행된 미 상원의원 11명과의 간담회 역시 청문회처럼 느껴지기는 마찬가지였다. 상원의 위상이 더 높아서인지 몰라도 하원 간담회 때보다 더 긴장되었고 압박감이 느껴졌다. 상원의원들의 질문 내용은 더욱 공격적이고 어느 의원은 마치 충고하듯 북핵 전략에 훈수를 두었다. 통상 무역 불균형에 대해서는 더욱 노골적으로 개선을 요구하니 문재인 대통령은 속으로 당황했을 것이다.

그러나 문재인 대통령은 꼿꼿한 자세로 대한민국 대통령의 자존과 위엄을 잃지 않고 그들을 차분하게 설득했다. 한미동맹의 중요성을 강조하며 한편으로는 대한민국의 자존을 강조했다. 문재인 대통령이 한 치의 흐트러짐 없이 상원의원들의 즉흥적인 질문에 차분히 답변하면서 상대를 설득하는 모습을 보며 만약 이명박, 박근혜 대통령이었다면 어떤 자세였을까를 순간적으로 떠올렸다. 이명박, 박근혜 대통령이 미 의회를 방문하지 않은 이유는 무엇이었을까. 대화가 필요 없을 정도로 한미동맹을 철석같이 믿었기 때문이었을까? 아니면 미 의회와 대화할 자신이 없어서였을까?

미 의회와의 간담회를 통해 우리는 북핵에 대한 미국 상·하원의원들의 우려와 대응 기조를 알 수 있었고, 사드에 대한 미국 측 인식을 확인하였으며, 한미 통상 무역에 대한 우려의 분위기도 파악할 수 있었다. 두 시간에 걸친 문재인 대통령에 대한 청문회 아닌 청문회는 성공적으로 끝났다. 앞서 이야기했지만 문 대통령은 단 한 차례의 실수도 주저함도 없었다. 문재인 대통령이 더불어민주당 대표였던 시절 이런저런 일로 적지 않은 시간을 함께했지만 이번 방미에서 더욱 깊어진 지도자의 내공을 볼 수 있었다. 그는 국익을 위해 원칙·명분과 실리·타협의 균형을 찾는 현실주의자였다.

한반도의 불안을 걷어 내고 향후 한반도 문제에서 주도적 역할을 회복한 것은 무엇보다 큰 성과였고, 방위비 분담과 무역 불균형에 관한 미국 측의 불만은 장기적으로 풀어야 할 숙제로 남았다. 문재인 대통령이 국제사회는 물론 국내에까지 능력 있고 믿음직한 지도자라는 모습을 과시한 것은 부가적인 효과라고 할 수 있다. 국제사회가 무시하지 못할 대한민국의 무게감을 10년 만에 회복한 것이다.

바보 대통령은 왜
정도전을 흠모했을까

　추석 연휴 동안 소설『정도전』상·하 두 권을 완독했다. 노무현 대통령이 언론인들에게 수백 년 내 최고의 업적자로 칭송했던 정도전을 소설을 통해 만난 것이다. '하늘을 버리고 백성을 택하라.'라고 할 만큼 철저히 민본주의 사상가였던 정도전은 '세상에서 가장 귀한 것이 백성이고 그 다음 사직이고 그 다음이 군주다.'라는 혁명적 발상을 했다.

　"탐욕스러운 자가 천하를 경영하면 백성이 도탄에 빠지고, 어진 자가 경영하면 태평성대가 온다."라며 '경영의 묘는 인재의 등용'이라는 점을 강조한다. 또한 '백성을 위해 밟지 않은 눈밭을 걸어가 길을 만들어 내는 것이 지도자다. 백성과 똑같이 눈밭만 바라본다면 어찌 세상이 좋아질 수 있는가?'라고 말한 것은 지도자의 비전을 강조한 듯하다. '국가를 위한 백년대계 없이 오로지 권력만 원하는 자가 가장 위험한 지도자'라고 말한 정도전의 경고를 정치인들은 귀담아들어야 할 것이다. 정도전은 고려보다 나은 조선을 건설하기 위해 '과거를 반성하지 않으면 같은 역사가 되풀이된다.'라고 했는데 이 말은 정치의 과거를 반성하고 성찰해야 성공하는 정부를 이끌 수 있다는 교훈을 주고 있다.

특히, 소설을 읽는 내내 내 머릿속을 떠나지 않는 어구는 대의멸친(大義滅親)이었다. 대의멸친의 정신이 있었기에 명나라를 공격하여 옛 고구려 영토를 회복하겠다는 요동 정벌을 구상할 수 있었고, 토지 개혁과 사병 혁파라는 고려 500년 역사의 근간을 흔드는 개혁을 할 수 있었다. 만약 정도전이 이방원에 의해 피살되지 않고 요동 정벌에 성공했더라면 조선의 역사가 바뀌어 아시아 중심국가가 되었으리라는 역사적 가정을 하노라면 정도전의 개혁 정신을 더욱 우러러보게 된다.

정도전은 그가 추구한 개혁의 꿈을 이루지 못했지만, 문무를 겸비한 사상가이면서 학자이고 실천적인 정치가였기에 노무현 대통령이 그토록 칭송했을 것이다. 정도전은 자신의 권력을 위해서가 아니라 백성들이 등 따습고 배부른 세상을 위하여 요순의 태평성대를 꿈꾸었고, 백성들을 위해 민본 정치를 실현하려 했다. 그는 경제와 군사에 있어서도 해박한 지식을 갖고 있어서 '근세 지성'의 표상으로 자리매김했다. 앞으로도 정도전의 개혁 사상을 생각하며 민본주의의 정치를 해 나갈 것이다.

정치인에게 택시 운전을
추천하는 이유

한나라당 바람이 거셌던 지난 18대 총선에서 생존한 수도권 민주당 의원 26명은 대부분은 근소한 차이로 이겼으나, 오산 시민들은 15% 표차로 민주당 후보인 나를 재선 의원으로 만들어 주었다. 총선 직후 첫 번째 의원 총회에서 당시 손학규 대표가 압도적으로 당선된 비결을 발표할 것을 요청해서 다름 아닌 택시 덕택이라고 의원님들께 말씀드린 바 있다.

국민들은 입으로만 하는 정치보다 발로 뛰는 정치를 기대하는데, 그런 면에서 택시 운전이 제격이다. 단, 다른 택시 기사처럼 똑같이 근무해야 한다. 휴가를 대신하여 택시 운전을 하는 동안 기사들과 승객들로부터 들은 숱한 지역 민심 때문에 남은

▲ 18년간 이어진 택시 운행 민심 청취, 2023. 9. 28.

국회의원 임기 동안 초심을 잃지 않고 서민을 위한 정치를 하겠
다고 다짐했다. 나의 경험에 의하면 정치인이 택시 운전을 하
면 몇 가지 점에서 매우 유익하다.

첫째, 지역 민심을 정확히 파악할 수 있다. 공자는 "군사와 식
량과 민심에서 가장 중요한 것은 민심이다."라고 말한 바와 같
이 민심을 잘 헤아리는 것은 정치에 있어서 으뜸이다. 그런데
민심을 가장 잘 알아야 할 집단이 정치인이지만 아이러니하게
도 국회의원이야말로 민심을 가장 잘 모르는 사람들이다. 왜냐
하면 국회의원들끼리 아니면 보좌관들과 많은 시간을 함께 보
내다 보니 민심을 제대로 파악할 수 없는 환경을 스스로 만들기

때문이다. 택시는 민심의 바로미터이고 택시를 몰면 민심이 보인다.

둘째, 기사들의 애로와 택시 업계의 제도적 문제를 정확히 파악할 수 있다. 이 땅의 택시 기사들은 참으로 고달프다. 요즈음은 사납금 채우기도 힘들 지경이다. 겨우 사납금은 채울 수 있다 하더라도 저임금에다 입에 단내가 날 정도의 중노동에 시달리는 것이 우리나라 택시 기사들의 현실이다. 보다 많은 정치인들이 이러한 택시 기사와 업계의 애로를 제대로 이해한다면 LPG 가격 인하, 고속도로 전용차로 진입 허용, 택시 감차 정책 전면 재고 등 택시 업계를 위한 제도 개선에 앞장설 수 있을 것이다.

셋째, 지역 구석구석을 정확히 파악할 수 있다. 내가 살고 있는 오산은 면적이 좁은 도시다. 택시 운전을 하기 전까지 오산에서 어릴 적부터 50년 가까이 살아왔기 때문에 오산 구석구석을 잘 안다고 자부해 왔지만 택시를 몰면서 처음 접한 골목과 마을이 한두 곳이 아니었다. 특히 정치인들은 자신들이 필요한 장소만 다니고 동선이 정해져 있지만, 택시 기사는 승객이 원하는 장소까지 가야 하므로 동네 구석구석을 다닐 수 있다. 정치인에게 동네 구석구석을 안다는 것은 큰 장점인데 택시 운전을 하면 자연스럽게 이런 점이 해결된다.

넷째, 서민들이 사는 냄새를 진하게 맡을 수 있다. 두 평도 되지 않는 택시 안에서는 서민들의 냄새, 사람 사는 냄새가 물씬 풍겨 온다. 정치인이 초심을 잃지 않으려면 서민 냄새를 잊지 말아야 한다. 귀족 생활을 하면서 서민 정치를 하겠다는 겉과 속이 다른 정치인들이 허다하니 정치인에 대한 불신은 높아만 간다. 정치인들이 초심을 다지려면 골프장 가는 대신 택시를 몰아야 한다고 정치인의 한 사람으로서 감히 말한다.

정치인들 간에 충고와 비판은 약이 되고 살이 된다는 심정으로 택시 운전을 추천한다. 국회의원들이 저마다 택시 운전을 하는 선의의 경쟁을 보인다면 국민들은 정치인들에 대해 새롭고 신선하고 따뜻한 눈길을 보내지 않을까 싶다. 마지막으로 2005년 이후 지금까지 여러 사정에도 불구하고 택시 운전을 허락해 주신 사장님들과 항상 반갑게 맞이해 주신 사랑하는 동료 택시 기사들께 머리 숙여 감사드린다.

제2의 군함도
사도광산을 찾아서

대통령의 친일 언행으로 국민들의 분노가 하늘을 찌를 듯하다. 강제징용 제3자 변제에 이어 후쿠시마 오염수 방류, 일본 교과서 독도 표기, 그리고 사도광산 세계유산 등재 추진 등으로 일본 정부에 대한 부정적인 국민감정이 극에 달하고 있다. 2019년 한일전 데자뷔이다. 사도광산은 군함도처럼 많이 알려지지 않았지만 일제 말기 일본의 조선인 강제징용 노역 현장 100여 곳 중 한 곳이다. 2015년 강제징용 기록을 뺀 군함도 유네스코 등재에 이어 일본 정부는 강제징용 시기를 빼고 사도광산 등재를 추진하고 있다. 나는 뜻을 함께하는 국회의원들과 사도광산 유네스코 등재 신청 철회 운동에 앞장섰다. 누군가는 반드시 해야 할 일이었다.

약탈 문화재 환수운동을 십 년 넘게 함께해 온 한신대 김준혁 교수로부터 연초에 일본이 강제징용 시기를 빼고 사도광산 유네스코 등재를 재추진한다는 사실을 듣고 분노가 치밀었다. 즉각 국회 전문가 토론회를 개최하고 여야 국회의원들의 뜻을 모으는 실천에 돌입했다. 사도광산 유네스코 세계문화유산 등재 반대 촉구 결의안을 대표 발의하여 3.1절 전에 빛의 속도로 통과됐는데 홍익표 문화체육관광위원장과 여야 의원들의 협력 덕분이었다. 2월 27일 역사적인 결의안이 여야 만장일치로 통과되는 순간 막중한 책임감을 갖게 되었다.

파리에 본부를 둔 유네스코 국제기념물유적협의회(ICOMOS, International Council on Monuments and Sites)의 방문에 앞서 사도광산을 찾아 강제징용 자료를 조사하고 관계자들을 만나는 것이 필요했다. 이에 방문단을 구성하고 국회 공식 출

▼ 일본의 사도광산 유네스코 세계문화유산 등재 반대를 위한 출국 기자 회견

장을 허락받았다. 방문단은 지난달 3.1절 도쿄에 위치한 한국 YMCA에서 기자 회견을 함께한 임종성, 양정숙, 윤미향 의원으로 구성했고 김민철 국사편찬위원, 전병덕 인권 변호사, 김준혁 한신대 교수, 이규민 전 의원도 포함했다.

  사도섬을 가려면 도쿄에서 니가타까지 신칸센을 타고 두 시간 걸리니 서울-부산 정도 가야 한다. 사도광산은 니가타 항구에서 카페리로 2시간 30분 걸리는데 부산에서 제주보다 좀 먼 거리다.
  사도섬 면적은 제주의 절반인데 인구는 제주의 1/10 정도인 5만 명에 불과했고, 폐가가 사람 사는 가옥보다 많은 폐광 섬처

▲ 사도광산 유네스코 세계문화유산 등재 반대 기자 회견, 도쿄 YMCA, 2023. 3. 1.

럼 보였다. 당시 강제징용 조선인들은 열차에 호송되어 여수에 도착, 밤배로 여수를 출항해 시모노세키에 도착하여 다시 트럭으로 호송되어 니가타 항구에 도착 후 배로 8시간 걸려 사도섬에 도착했다. 일제 말기 1,500여 명에 이르는 사도광산 강제징집자들의 출신은 주로 충남인데 아마 조선인 모집책의 고향이 충남이었을 것으로 추정된다. 사도에 도착하니 곳곳에 사도광산 세계유산 등재 신청 축하 문구가 눈에 들어왔다.

92년 사도의 한 스님이 부여에 가서 찍은 사도광산 강제징용 피해자 인터뷰 동영상을 방문단과 함께 보았다. 인터뷰 내용에 따르면 강제로 모집된 징집자들은 1차로 이리(익산)에 집결하여 감시 속에 수일을 기다린 후 기차로 여수항으로 갔다. 집을 떠나는 17세 아들을 보며 우셨던 어머니의 모습이 생생하다는 생존자의 증언을 들으니 가슴이 먹먹했다. 이처럼 일본 정부의 노무동원 계획에 따라 1939년부터 1945년까지 조선 노동자 1,500여 명이 감언과 폭력에 의해 사도광산에 동원되었다. 수십여 명이 죽고 150여 명이 탈출한 것으로 추정된다. 사도광산, 군함도와 같은 탄광뿐만 아니라 건설과 공장에 강제징용된 조선인 노동자들이 67만 명에 달하지만 일본은 강제성이 없었고 자발적이었다고 주장한다. 차별도 없었고 한국과 일본인이 대동아공영을 위해 공동 노력했다는 일본 정부의 공식 입장을 결코 동의할 수 없다. 일본 정부는 역사 날조를 전문적으로 하고 있다. 이는 일본이란 나라의 국격을 떨어뜨리는 것이다.

일본이 사도광산의 유네스코 세계문화유산 등재를 추진할 때, 사도광산의 역사를 19세기 중반까지인 에도 시대로 한정하고 근대 이후를 제외한 것은 강제징용 사실을 은폐하려는 꼼수이다. 조선인 노동자 강제노역 사실을 은폐하기 위하여 시기를 에도 시대로 한정한 것이다. 일본은 전쟁 당시 1938년에 만들어진 광석의 분류, 제련 장소인 기타자와 부유선광장을 세계유산 홍보에 이용하면서도 그 시기에 이루어진 조선인 강제동원을 은폐하기 위해 이번 유네스코 신청에서는 정작 그 시설을 제외했다.

사도 주민들은 부유선광장이 세계유산 목록으로 포함되길 기대하고 강력히 요구했지만 제외된 사실만 보더라도 의도적인 꼼수 등재이다. 군함도처럼 강제징용 기록을 누락하는 방법으로 유네스코의 압력을 회피하기 위해 사도광산의 역사를 에도 시대에만 한정하는 것이 일본의 전략일 듯하다. 따라서 일본의 의도를 유네스코에 알려 두 번 다시 속지 말고 제2의 군함도를 막는 것이 사도광산 등재 저지 운동의 핵심이다. 사도광산의 유네스코 등재를 막으면 군함도 강제징용 역사도 더 이상 부인할 수 없을 것이다.

사도광산 현장 답사를 마치며 사도광산을 자랑하는 기념관 앞에서 '사도광산 세계문화유산 등재 신청을 철회하라'는 현수막을 펼치며 구호를 힘차게 외쳤다. 도쿄역에서, 부유선광장에서, 사도광산 기념관 앞에서 방문단은 일본의 역사 날조를 규탄했다. 우리들의 함성이 울려 퍼져 제2의 군함도인 사도광산 유네스코 세계문화유산 등재를 저지하는 데 도움이 될 것이다. 군함도는 막지 못했지만 사도광산은 꼭 막을 것이다.

▲ 부유선광장에서 사도광산 유네스코 세계문화유산 등재 신청 철회 요구, 2023. 4. 7.

후쿠시마 오염수와의
전쟁

　2023년 8월 24일, 마침내 일본은 후쿠시마 오염수를 방류했다. 일본 정부는 안전성에 문제가 없고 방류 기간은 30년이라고 발표했다. 그러나 전문가들은 안전성 논란 때문에 찬반 입장이 팽팽하다. 세계적 권위를 가진 네이처에 의견을 실은 과학자 18명 중 4명이 안전, 6명은 불안, 8명은 지켜봐야 한다고 하니 안전성을 주장하는 일본 정부는 신뢰할 수 없다. 안전하다면 일본 본토에서 처리하면 될 것이다. 또 30년 이상 걸릴 수도 있다는 방류 기간도 일본 정부의 주장을 믿기 어렵게 한다.

　야당은 한목소리로 오염수 방류를 규탄하는 투쟁을 전개했다. 나는 6월 17일 광화문 촛불 집회에 뜻을 함께하는 의원들과 참여하여 무대에 올랐다. 이때만 하더라도 더불어민주당은 당 차원의 광장 결합을 주저하던 시기였다. 나와 함께하는 의원들의 행동은 이후 지도부가 광장의 시민들과 함께하기로 결단을 내린 마중물 역할을 했을 것이다.

▲ 광화문 촛불 집회 연설, 2023. 6. 17.

7월에 들어서자 더불어민주당은 국민과 함께 후쿠시마 오염수 방류를 반대하기 위해 광장의 시민들과 연대를 시작했다. 반대의 목소리는 오염수 방류 후, 규탄으로 이어졌다. 이재명 대표가 단식에 돌입하며 내건 요구 중 하나가 후쿠시마 오염수 방류 규탄이었다. 이재명 대표는 24일에 걸친 단식 투쟁을 했는데 나는 수시로 단식 현장을 찾아 위로하며 건강을 걱정하였다.

▲ 이재명 대표 단식 농성장에서, 2023. 9. 7.

후쿠시마 오염수 방류는 국민이 윤석열 정부에 등을 돌리는 결정적 계기가 될 것이라고 나는 방송에서 경고했다. 일본과 맞서긴커녕 일본의 대변인을 자처하는 우리 정부의 매국적 행태에 국민은 실망하고 분개했다. 국익을 대변하고 국민적 정서를 고려해야 할 대통령조차 일본 정부와 같이 '과학을 믿으라.'

라고 하니 국민은 대통령의 정체성에 의문을 품었다.

후쿠시마 오염수 방류가 결정된 직후 홍범도 장군 흉상 철거 이슈를 꺼낸 저의도 의심스럽다. 이슈를 이슈로 덮겠다는 의도였다면 착각이다. 식민 사관에 입각한 윤석열 대통령의 친일 언행은 3.1절 기념사부터 광복절 축사에 이르기까지 국민의 우려와 분노를 자아내기에 충분했다. 친일을 거부하는 국민적 정서를 무시하는 대통령과 집권 여당에 대한 준엄한 심판이 다음 총선에 있을 것이다.

후쿠시마 오염수 방류 후 9월에 오산 지역 학교 간담회에서 만난 학부모들은 이구동성으로 후쿠시마 오염수 방류를 반대하며 우려를 나타냈다. 아이를 키우며 먹거리에 관심 많은 엄마들은 한결같이 일본 정부를 성토하며 막지 못한 우리 정부를 비판했다. 특히 반대 목소리를 내지 못하고 일본 정부처럼 안전하다고 주장하며 국민을 설득하려는 대통령과 집권 여당의 태도에 대한 불만이 컸다. 오산 학부모들의 후쿠시마 오염수 방류에 대한 반응은 정치적 성향을 떠나 전국적으로 비슷할 것이다. 서양 최초의 철학자 탈레스는 "만물을 구성하는 근본 물질은 물이다."라고 했는데 물을 오염시킨 일본 정부와 동조한 한국 정부는 가혹한 대가를 치를 것이다.

민심은 천심이고 물과도 같다. 중국 철학자 순자의 말을 윤석열 대통령은 명심하길 바란다.

"물은 배를 띄워주기도 하지만 뒤집기도 한다."

'느린학습자'를
아시나요?

 2022년 나는 교육부 국정 감사에서 현안 외 장기적인 과제 해결로 두 가지를 강력하게 촉구했다.

 첫 번째는 '천원백반'이었다. 나는 2010년 무상 급식 도입 시기부터 국회 무상 급식 전도사로서 역할을 했으며 2021년 국감 때도 유치원 무상 급식 확대 필요성을 강조했다. 지금은 그 열매를 나눌 수 있게 되었다.

 천원백반은 농림부와 대학이 협력해 대학생과 도서관에서 취업 준비하는 청년에게 영양가 높은 식사를 천 원에 제공하는 사업이다. 학생은 천 원을 부담하고 농림부가 천 원, 학교가 나머지를 부담하고 있다. 여론 조사 결과 97%가 천원밥반이 계속되어야 한다고 답할 정도로 만족도가 높다.

두 번째는 '느린학습자' 공론화였다. 느린학습자라 불리는 경계선 지능 학생은 지능 검사 기준 IQ 70~85에 속하며 인지, 정서, 사회적 적응에 어려움을 겪고 있는 학생이다. 학습 속도가 느리고 사회성이 약해 어린이집이나 학원에서 입학을 거절당하는 일도 다반사다.

전문가들에 따르면 2022년 기준 아동 중 약 80만 명이 느린학습자인 것으로 추정되고 있다. 지능의 정규 분포에 의하면 전인구의 14%로까지 추정되는데, 교육부와 교육청, 교육 당국은 난독증 학생이나 느린학습자 구분 없이 '읽기곤란자'로 통칭해 약 3천 3백 명 정도로만 파악하고 있다.

결국 느린학습자를 조기에 발견하지 못하고 제때 학습 과정을 밟지 못하면 경제적 부담과 고통은 고스란히 느린학습자 당사자와 가족이 떠안아야 한다. 지난 느린학습자 공론화 토론회에서, 학부모들은 눈물을 흘리며 지원을 호소했다.

이에 따라 교육부에 5가지를 제안했고 일부가 진척되었다.

1. 진단 도구 개발과 실태 조사, 지원 체계 구축을 위한 종합 계획 수립 제안.

2. 교원 연수 강화 제안. 인식 부족으로 교원들이 느린학습자를 일반 학습 부진 학생으로 오인하고 있음. 현직 교사에 대한 연수와 함께 교·사대 예비 교사에 대한 교육과정이 필요함.

3. 법적 제도 개선 제안. 느린학습자 지원 조례 제정이 필요함. 현재 17개 교육청 중 7개에 그리고 10개 지역 지자체에 조례가 제정됨. 느린학습자(경계선 지능인) 교육지원 종합대책 마련을 위한 촉구 결의안 발의.

4. 교육 당국이 지자체와 협력 체계 구축 제안. 서울시에서는 '경계선지능인 평생교육 지원센터'가 개소했음. 학교뿐 아니라 학교 밖에서도 느린학습자 지원 체계가 필요함. 지차체와 협력이 중요함.

5. 국정 감사 후 느린학습자 지원 정책 토론회 교육부 공동 주최 제안.

교육부에 이를 제안한 2022년, 두 차례에 걸쳐 느린학습자 교육 지원 정책 국회 토론회를 개최했다. 경계선 지능 외에도, ADHD, 우울증, 조증, 게임 장애 문제를 겪는 학생이나 은둔형 외톨이 등 파악조차 되지 않아 교육·복지의 사각지대에 있는 300만여 명의 '위기학생'이 있다. 이들 '위기학생'에게도 생애 주기별 맞춤형 교육과 치유·재활과 복지가 제공되어야 한다. 나아가 사회 통합의 주인공이 될 수 있도록 법적·제도적 정책 개혁의 로드맵이 마련되어야 한다. 앞으로 '위기학생'에게 필요한 더 좋은 정책을 위한 노력은 끝나지 않을 것이다.

▲ 교육부 국정 감사에서 느린학습자 지원 촉구, 2022. 10. 4.

10년 만에 통과한
재외국민 교육지원법

2019년 10월의 마지막 밤을 기분 좋게 보냈다. 국회 본회의에서 대표로 발의한 법안이 6개나 통과되었기 때문이었다. 나는 늘 "앵무새는 몸으로 말하고, 국회의원은 법으로 말한다."라고 농담하듯 말하곤 했다. 국회의원은 법으로 자신의 철학과 가치를 담아야 하고 입법 활동을 게을리하지 않아야 한다. 입법 활동은 매우 중요한 의정 활동이다. 좋은 법을 만드는 국회의원이 좋은 국회의원이다.

오늘 통과한 6개의 법안 중 재외국민 교육지원법은 10년간의 긴 노력 끝에 통과되었다. 해외 한글학교와 한국학교 지원을 위한 법인데 이 법의 통과로 해외 한국학교에 재학 중인 1만 4

천여 명의 학생들을 위한 지원이 가능하도록 법적인 근거가 마련되었다. 아무도 관심을 가지지 않았던 해외 동포 자녀 교육을 위해 초선 시절부터 해외 한국학교를 방문하기 시작하여 지금까지 16개국 34개 한국학교를 거의 빠짐없이 방문했다. 각 학교들의 민원을 듣고 최선을 다해 해결하려 했고 관계자들과 인간적 신뢰 관계를 맺어 온 지도 10년이 넘었다.

법이 통과된 후 오산 후배인 홍성욱 중국 광저우 총영사가 "민석 형이 대표 발의한 재외국민 교육에 관한 법이 통과되었네요."라는 문자를 보내올 정도로 이 법은 해외에서 초미의 관심사였다. 나는 해외 한국학교에 재학 중인 1만 4천여 명의 학생들이야 말로 글로벌 전사라 믿고 이들에게 대한민국을 사랑하는 마음을 길러 주어야 한다고 생각한다.

재외국민 교육지원법이 통과되는 데 10년이나 걸린 사연은 매우 복잡하다. 예산 문제, 정치적 문제로 반대가 강했기 때문이다. 최초로 법안을 발의한 것이 18대 국회로 내가 재선 시절인 2009년이었는데 2019년에서야 통과되었으니 꼬박 10년이 걸렸다. 18대 국회 4년 동안 나는 교육위원회 야당 간사로 나름 맹활약하던 때여서 어찌 보면 법안을 통과시킬 수 있는 유리한 조건에 있었다. 여야 의원들과 정부를 설득해서 겨우 교육위원회를 통과했고 통상적으로 해당 상임위원회를 통과한 법은 법사위를 거쳐 본회의 통과가 당연하므로, 나는 안심하고 법 통과를 기대했다. 그때가 18대 마지막 국회였는데 법사위로 올라간 재외국민 교육지원법이 폐기된 줄을 19대에 들어와서야 알게 되었다. 18대 국회 법사위 야당 간사였던 박영선 의원에 의하면 막판에 처리해야 할 민생 법안이 많아서 처리 순위에서 밀렸다는 것이었다.

재외 한국학교 이사장들과 나는 19대 국회에서 다시 법안을 통과시키기로 작정하고 일단 법안을 재발의했고 2012년 대통

▲ 재외국민 교육 지원을 위한 첫 청원. 2012. 11.

령 선거에서 각 후보들에게 합의문을 받았다. 선거를 앞둔 박근혜 후보와 문재인 후보는 재외 동포들의 표를 의식하여 쾌히 합의문에 서명했기 때문에 대통령 선거 후에 쉽게 법이 통과되리라고 기대했다. 나는 이미 18대 교육위원회에서 합의하여 통과되었다는 점을 강조하며 19대 국회가 우선적으로 처리할 것을 설득했지만, 당시 여당인 새누리당의 반대로 결국 19대 국회에서는 상임위원회의 벽조차 넘지 못하고 폐기되고 말았다.

20대 국회에 들어와 다시 전열을 가다듬고 전의를 불태웠으나 해외 한국학교 관계자들이 너무 지친 나머지 법안 통과에 대한 기대가 회의적으로 변하고 있었다. 이때 당시 재외 한국학교 이사장협의회 회장인 정희천 상해한국학교 이사장이 앞장서서 여야 의원들을 활발히 만나며 다시 불을 지피기 시작했다. 교육위원회를 통과했다는 소식을 들었을 때 이번엔 무난한 본회의 통과를 예감했다. 한국학교 이사장들과 이번이 마지막이라며 힘을 모았다. 해외에 계시는 이사장들이 급히 역사적인 본회의 통과 현장을 보시겠다고 국회로 오셔서 방청석에 앉아 계셨다.

결국 해외 동포들과 학생들의 염원인 재외국민 교육지원법이 통과되었다.

문정왕후 어보 환수,
숨 막히던 그날의 기록

2013년 9월 19일. 미국 LA 현지 시간으로 추석날 오후 4시. 나는 문정왕후 어보 환수 2차 협상을 마친 후 혜문 스님, 한신대 김준혁 교수와 함께 다음과 같은 역사적인 발표를 하였다.

"조국에 계신 국민 여러분, 이곳 LA에서 기쁜 추석 선물을 드리게 되었습니다. 라크마(LA 카운티 미술관) 측은 문정왕후 어보가 한국전쟁 기간 중 도난품이라는 결론에 도달하였으므로, 한미 우호 증진을 위해 조건 없이 어보를 반환키로 결정하였습니다."

▲ 문정왕후 어보 환수를 위한 야로슬라프스키 슈퍼바이저와의 만남, 2013. 9. 19.

　중간 과정이 조금 험난했지만, 문정왕후 어보는 문재인 대통령 방미 기간에 반환받아 귀국 비행기에 대통령과 함께 조국의 품으로 돌아왔다.

　2013년 9월 라크마 측과 정식 협상에 앞서 제프 야로슬라프스키(Zev Yaroslavsky) LA 카운티 슈퍼바이저와의 면담이 성사되었다. 러시아계 정치인인 그는 40여 년 동안 LA 한인타운을 기반으로 시의원을 거쳐 19년째 슈퍼바이저를 하고 있었다. 그날 나는 어보 반환에 대한 진정성을 그에게 이야기했고, 그가 어보 반환에 협조해 주면 차기 슈퍼바이저 선거를 돕기 위해

LA에 와서 한인들에게 지지를 호소하겠다고 제안했다. 그가 얼마나 반환에 도움을 주었는지 알 수는 없지만 나는 지대한 도움을 주었을 것이라 생각한다.

▲ 문정왕후 어보 환수 결정 LA 현지 기자 회견, 2013. 9. 19.

나는 처음 문정왕후 어보가 약탈된 문화재이고 이를 반드시 되찾아야 한다는 여러 사람들의 이야기를 들었었다. 그래서 문화재 전문가인 김준혁 교수의 자문을 받으면서 문화재 공부를 하기 시작했다. 그리고는 혜문 스님과 김준혁 교수와 함께

2013년 7월에 라크마를 찾아갔다. 이것이 첫 번째 협상이었다.

당시 라크마 부관장과 고문 변호사가 우리를 맞이했다. 친절하게 우리를 맞이했던 그들은 협상이 시작되자마자 자신들의 소장 유물을 지키겠다는 모습이 역력했다. 당시 라크마 측은 우리가 제시한 증거에도 불구하고 문정왕후 어보가 종묘에 있었다는 사실을 증명하라고 주장했다. 이는 말도 안 되는 억지였다. 종묘에 보관한 어보에 대하여 종묘에 있었다는 것을 증명하라니 참으로 기가 막힐 따름이었다.

결국 도난품이라는 우리의 주장과 증거를 대라는 미국 측 주장은 한 치의 타협 여지가 없이 2차 협상 때 다시 만나 보기로 하고 마무리되었다. 그런데 라크마 측에서 마침 한국관이 리모델링 중이라 어보를 꺼내 왔다며 우리에게 감상하라고 배려해 주었다. 그리고는 장갑을 주며 직접 만져보게 하기까지 했다.

어보! 신물인지라 보는 이의 눈을 빼고 만진 자의 손목을 잘랐다는 어보를 눈앞에서 볼 수 있다니! 그러나 나는 보는 것에서 그치지 않고 천천히 어보를 들어 보았다. 이로써 문정왕후 어보를 만진 유일한 정치인으로 기록되는 순간이었다. 어보를 유심히 보다가 희미한 묵서(墨書)가 붙어 있기에 자세히 들여다보니 '六室大王大妃'란 한자가 적혀 있었다. 깜짝 놀라 김준혁 교수에게 이 무슨 뜻인지 물었더니 육실대왕대비(六室大王大妃)란 종묘 정전의 6번째 방인 중종과 문정왕후의 전각을 뜻한다는 것이었다. 숨이 멎을 듯한 순간이었다. 라크마 측에 한자의 의미를 설명하였고, 이야기를 들은 그들은 너무도 충격에 빠져 면담을 빠르게 종료했다.

7월에 내가 문정왕후 어보의 묵서를 발견한 것은 참으로 대단한 일이었다. 2010년과 2012년에 국립문화재연구소에서 해외 문화재를 확인하기 위해 전문가들이 라크마를 찾아 모든 유물을 조사했는데 그들의 눈에는 묵서가 전혀 보이지 않았던 것이다. 그런데 그 묵서가 내게는 보였다. 이는 문정왕후 어보를 되찾게 하기 위한 하늘의 뜻이었는지도 모른다. 그래서 난 9월에 있는 2차 면담에 자신이 있었다.

다시 9월의 일이다. 2차 면담을 시작하자마자 라크마 측은 "어보가 도난품인 것을 자체 조사로도 충분히 확인을 했으니 반환을 결정했습니다. 반환 절차를 협의할 파트너를 정해주면 즉시 반환 작업에 착수하겠습니다."라고 했다. 나는 귀를 의심하면서 흥분을 가라앉히고 옆자리의 혜문 스님에게 "다 된 거죠?"라고 확인했고 혜문 스님은 미소를 지으며 고개를 끄덕였다. 김준혁 교수가 엄지손가락을 보이며 확인 표시를 해주었다.

이에 협상 대표 격인 내가 "지금까지 문정왕후 어보를 안전하게 잘 보관해 준 라크마에게 대한민국 정부와 국민을 대신해서 감사드립니다. 대한민국은 국민들에게 최고의 선물이 될 것입니다."라고 화답하였다. 62년 동안 미국을 떠돌던 문정왕후 어보 환수가 결정된 순간이었다. 19일 오후 3시 30분경이었다.

어보 반환 결정 소식은 방송, 신문 등 모든 언론에서 2013년 추석 연휴 주요 기사로 다루어질 정도로 역사적 의미가 깊었다. 한국전쟁 당시 한 미군 병사가 종묘에서 미국으로 가져간 어보가 마침내 조국의 품으로 돌아오게 된 것은 각계의 노력의 결과다.

문정왕후 어보 환수 과정에서 정부의 역할이 미미했던 것은 개선되어야 할 점이다. 정부가 행정과 예산을 뒷받침해 주고 민간이 앞장서는 효율적인 거버넌스를 작동하면 세계 도처에 흩어져 있는 약탈된 국보급 문화재 환수는 얼마든지 가능하다.

안민석 의원 문정왕후 어보 환수 관련 활동 일지

2013. 06. 10. 「LA주립박물관 소장 문정왕후 어보 반환 촉구 결의안」
대표 발의
2013. 06. 19. LACMA 면담 요청 수락 답변

2013. 07. 11. LACMA와 제1차 회담. 종묘 소장 기록 확인

2013. 07. 28. LA 카운티 반환 용의 표명

2013. 08. 06. 백악관 청원을 위한 10만 인 서명 운동 개시

2013. 08. 07. 문정왕후 어보 환수 100인 위원회 출범식

2013. 08. 30. 문정왕후 반환 촉구 보신각 타종식

2013. 09. 19. LACMA와 제2차 회담. 어보 반환 결정

2014. 04. 08/ 06. 20. 대정부 질의: 문정왕후 어보 미국 오바마 대통
령 방한 시 직접 반환 청원 및 조속 반환 촉구

2014. 04. 15. 미국 오바마 방한 시 문정왕후 어보 반환 촉구 기자 회견

2015. 01. 22. LACMA 방문, 미국 의회 방문, 주미 대사 면담

2014/ 2015/ 2016 국정 감사 문화재청 질의: 문정왕후 어보 환수 촉구

2017. 07. 02. 대통령 전용기로 문재인 전 대통령과 함께 귀환

발해농장에서 부활을 꿈꾼
항일운동가 백산 안희제

2019년 3.1절 연휴에 구명학교, 의신학교, 창남학교를 설립하여 계몽운동을 하고, 비밀 결사 조직 대동청년당을 결성한 독립운동가 백산 안희제(安熙濟, 1885~1943) 선생이 남긴 흔적을 찾기 위해 부산에 사시는 백산의 손자 안경하 선생님을 모시고 중국 헤이룽장성(黑龍江省)으로 떠났다. 인천에서 하얼빈까지 비행기로 두 시간, 하얼빈에서 무단장시(牡丹江市)까지 급행열차로 두 시간, 무단장시에서 차로 한 시간 걸리는 둥징청진(東京城鎮)은 동북 3성에서 흔히 볼 수 있는 전형적인 시골 마을이었다. 대한제국 최초의 민족자본가로서 전 재산을 처분하여 만주로 이주해 항일운동에 헌신하며 노블레스 오블리주를 평생 실천한 백산 안희제 선생의 발해농장 사무실에서 그의 숨결을

▲ 발해농장 사무실에서 백산 선생의 손자 안경하 선생님과 함께

느낄 수 있었다.

　발해농장은 백산이 1914년 부산에서 설립하여 독립운동 자금을 지원하던 백산상회를 백산무역주식회사로 확장하고 이를 처분한 뒤 항일운동을 위해 만주로 이주하면서 3백여 가구 농민의 터전을 만든 곳이다. 백만 평의 농지에 16km에 이르는 수

▲ 백산 선생이 사용했던 발해농장 사무실 전경

로를 만들고 개간했다. 선생이 발해농장을 세운 1933년부터 일
제에 체포된 1942년까지 10여 년간 발해농장은 이주 조선인의
꿈과 희망의 표상이었다. 백산 선생은 조선인들의 임시정부 자
금을 지원했고 항일 교육을 위해 학교를 세웠다. 특히 만주국
치하에서 대부분 독립운동가들이 산속으로 들어가 무장 투쟁
을 하던 시기에 발해농장은 민족자본가의 상상력으로 독립운
동의 전진 기지 역할을 담당했다.

　백산은 김구, 안창호 등 당대의 독립운동 지도자들과 교류하
였다. 1935년 발해농장 사무실 옆에 그가 세운 발해조선족소학

교는 한때 학생 수가 천여 명에 이르렀다고 하니 발해농장의 규모를 짐작할 수 있다. 동행한 현지인은 모친이 발해농장 사무실에서 일했고, 생전에 백산을 무척 존경했다고 할 만큼 백산의 흔적은 아직도 뚜렷이 남아 있었다.

중국인들은 조선의 항일운동가 중 독립운동가들의 먹고사는 문제를 고민하며 실천했고, 미래 교육에 투자한 사람은 백산이라며 치켜세웠다. 발해농장은 원래는 밭이나 황무지였는데 백산이 인근 호수에서 40리 물길을 끌어와 수로를 만들어 논으로 바꾸는 대역사를 일구었다. 발해농장에서 생산된 쌀은 현무암

▼ 백산이 세운 발해조선족소학교에서

▲ 40리 길 끝없이 펼쳐진 발해농장 수로

지반의 영향으로 맛이 뛰어났는데 백산은 이것까지도 계산한
듯하다.

민족자본가로서 백산 안희제는 항일운동 기지를 확보하기
위해 발해농장을 만들었다. 발해는 원래 우리 땅이었으니 농장
이름을 발해농장이라 정하고 광활한 발해의 부활을 꿈꾸었을
것이다. 일제의 탄압과 만주의 혹독한 추위를 이겨내며 백산이
꿈꾸던 광복과 발해의 꿈을 발해농장에서 되새기며 백산 선생
의 꿈이 한반도의 평화와 번영으로 되살아나길 기대해 보았다.
항일 독립군들이 말달리던 만주 벌판의 봄날이 더욱 따스하게
느껴졌다.

연해주 독립운동의 대부
최재형

2019년, MBC '선을 넘는 녀석들'에서 최재형 선생이 소개되어 국민들에게 최재형 선생의 진면모가 알려졌다. 지난 백 년

▲ MBC '선을 넘는 녀석들'이 찾은 연해주 독립운동의 대부 최재형 선생

동안 역사에 묻혀 있던 위대한 독립운동가 최재형 선생이 3.1 운동 100주년을 맞은 해에 빛을 보았으니 하늘나라에서도 흐뭇해할 듯했다. 이제는 많은 국민들이 최재형 선생을 기억하고 있다.

2020년은 최재형 선생의 순국 100주년 되는 해였다. 1920년 4월 5일 일본 경찰에 체포된 후 재판 없이 총살당한 최재형 선생의 순국 100년을 맞아 뜻있는 사람들과 함께 세 가지 추모 사업을 실천하고자 노력했다.

첫째, 최재형 선생을 교과서에 수록하는 사업이었다. 현재 최재형 선생은 초등학교 6학년 사회 교과서에 안중근 의사와 함께 사진이 수록된 것이 전부인데 실제 안중근 의거는 최재형이라는 뒷배경이 없이는 불가능했다. 안중근 의사에게 권총을 구입해 주고, 사격 연습을 하도록 공간을 제공한 장본인이 최재형 선생이다. 특히 의거 당일 안중근 의사가 삼엄한 감시망을 뚫고 이토 히로부미에게 가까이 접근할 수 있었던 것은 안중근 의사가 러시아 기자증을 소지했기 때문인데, ≪대동공보≫라는 러시아 신문의 사장이 바로 최재형이었기 때문에 가능했다. 안중근 의사가 옥고를 치르는 동안이나 사형 이후에도 최재형 선생은 안중근 의사의 가족들을 끝까지 돌봐 주었으니 안중근 의사에게 최재형은 멘토 같은 존재였다. 그러니 안중근과 최재형은 떼려야 뗄 수 없는 관계인데 교과서에는 안중근 의사의 업적만 수록되어 있고, 최재형 선생의 평가는 거의 없는 실정이다. 교과서에 최재형 선생의 업적이 제대로 담겨서 학생들이 어릴 때부터 최재형 선생의 발자취를 알게 하는 것이 역사 바로세우기 차원에서도 매우 중요하다.

안중근 의사가 끝까지 지킨 독립운동가 최재형

▲ 안중근 의사와 최재형 선생

둘째, 최재형 제대로 알리기 사업의 일환으로 최재형 일대기를 다룬 드라마나 영화를 제작하도록 하려 했다. 2019년 여름 극장가를 달구었던 '봉오동 전투'를 통해 홍범도 장군의 실체가 제대로 알려졌을 뿐만 아니라, 봉오동 전투를 대중들이 더 잘 알게 되었다. 그리고 MBC 드라마 '이몽'을 통해 약산 김원봉의 인간적 면모와 활동이 처음으로 대중들에게 알려졌다. 약산의 드라마는 유지태를 주인공으로 봄부터 여름까지 40부작으로 이어졌는데 토요일 밤 9시면 드라마를 보기 위해 집으로 갔을 만큼 흥미 있게 보았다. 드라마나 영화는 잊힌 독립운동가들이 부활하는 가장 효과적인 방법이어서 최재형 추모 사업을 이끄는 소강석 목사님이 최재형의 영화를 제안하셨을 때 나도 쾌히 찬동하며 좋아했다.

셋째, 내가 꼭 추진하고 싶은 일은 '최재형 민족학교'를 세우는 일이다. 최재형 선생은 모든 재산을 독립운동 자금을 조달하고 학교를 세우는 일에 바쳤다. 최재형 선생은 연해주로 이주해 온 독립운동가의 자녀들과 고려인들을 위해 학교를 세우고 민족 교육을 시키는 것을 일생의 목표로 삼았는데, 그가 세운 학교가 300여 개에 이른다니 놀라운 일이다. 최재형의 정신을 계승하는 일 중 세계 곳곳에 흩어져 있는 고려인들의 민족학교를 세우는 일이 필요한데 이미 연해주 우수리스크에서 시작되고 있다.

최재형 민족학교는 중앙아시아 카자흐스탄에도 설립하는 것을 목표로 하고 있다. 이미 2018년 가을 카자흐스탄 알마티에서 최재형 선생의 손녀를 만나 알마티 최재형 민족학교를 세우기로 약속한 바 있다. 카자흐스탄은 최재형의 후손들과 제자들이 1937년 스탈린의 강제 이주 정책에 따라 연해주에서 이주해온 땅이다. 최재형의 후손 70여 명이 카자흐스탄에 살고 있다하니 알마티에 최재형 민족학교가 세워진다면 하늘에 있는 최재형 선생도 무척 기뻐할 것이다.

최재형 민족학교의 꿈은 많은 분의 성원으로 추진되고 있다. 취지를 듣는 분마다 꼭 동참하겠다고 약속을 하시니 돈은 문제가 아니고 열정과 헌신이 문제다. 나는 앞으로 우수리스크와 알마티에 최재형 민족학교를 세우는 일에 헌신하려 한다.

▼ 러시아 우수리스크 옛 고려사범학교에서

마지막으로 최재형 착한 부자상을 만드는 것이다. 갑부였던 우당 이회영 선생과 형제들은 전 재산을 처분하여 만주로 가서 독립운동을 위해 모든 재산을 아낌없이 바쳐 노블레스 오블리주를 실천한 집안으로 존경받고 있다. 반면 최재형 선생은 노비의 아들로 가난하게 태어나 어릴 적에 러시아로 건너가 엄청난 부자가 되어 모든 재산을 독립운동을 위해 바친 또 다른 노블레스 오블리주의 모델이다. 부자는 더불어 사는 사회를 위해 아낌없이 기부하고 가난하고 약한 사람들을 배려하는 헌신의 자세가 필요하다. 최재형 선생의 노블레스 오블리주 정신을 본받은 착한 부자를 발굴하여 상을 준다면 착한 부자들이 많은 착한 세상이 될 것이다.

　최재형 선생을 기리고자 대한민국의 착한 부자에게 상을 주는 일을 추진하고 싶다. 최재형 착한 부자상을 받은 부자들은 지금까지 자신들의 선행을 제대로 평가받게 될 것이고 앞으로도 더 많은 선행을 하게 되어 더불어 사는 세상에 도움이 될 것이다. 부자들이 존경받는 사회도 만들고 최재형 선생의 정신도 계승하는 최재형 착한 부자상은 우리 사회의 신선한 변화의 바람이 될 것으로 기대한다.

　최재형 선생의 업적을 교과서에 수록하고 영화와 드라마에 담아내는 일이나, 그의 정신을 계승하는 민족학교를 세우는 일이 말처럼 쉬운 일이 아닐 것이다. 그러나 뜻있는 분들이 동참해 주시면 시너지 효과가 만들어져 좋은 결실이 맺어질 것이다.

국정 농단 추적자의
수난사1

2014년 4월 8일, 나는 대정부 질의에서 청와대의 지시로 대통령 최측근의 딸이 승마 국가대표가 되었다며 국정 조사를 요구했었다. 그 후 크고 작은 일들을 참 많이 겪었다. 내가 최순실을 세상 밖으로 소환한 이전의 삶과 이후의 삶은 확연히 달라졌다. 박근혜 정권을 무너뜨린 일등 공신으로 낙인찍혀 극우 세력의 미움을 산 것은 어쩔 수 없는 운명이었다. 어느 날 당 대표 임기를 앞둔 이해찬 전 대표와 식사를 했는데 "안 의원은 각별히 조심해야 해요. 안 의원을 노리는 보수 댓글부대가 2천 명은 될 거요."라고 당부했다. 총선 때마다 오산의 안민석을 잡기 위해 자객 공천을 한다는 소문이 나돌 만큼 나는 보수의 공적이 되어 버렸다. 운명이다.

나는 최순실 국정 농단을 앞장서서 파헤친 업보로 태극기부대의 저주와 공격을 가장 심하게 받은 정치인이 되었다. 미국에서 한 분이 동영상을 보내 주었는데 뉴욕 맨해튼 한복판에서 손석희 사장과 나를 참수하는 끔찍한 장면이었다. 태극기부대는 북 토크쇼 행사장마다 몰려와서 행사를 방해하고 욕설을 퍼부었는데, 특히 대구 행사 때는 수백 명이 행사장을 에워싸고 나를 향해 물병을 투척하는 등 공포 분위기를 조성했다. 창원에서는 역에 내리자마자 100여 명의 태극기부대로부터 기습 공격을 받아 곤욕을 치렀다. 인제대학교 행사장에서는 행사를 마치고 나오니 대학생들과 태극기부대가 뒤엉켜 몸싸움을 벌이는 진풍경이 연출되었다. 손자뻘 되는 대학생들과 태극기부대 어르신들이 소리 지르며 몸싸움하는 장면이 대한민국의 현실이라니 마음이 아팠다.

LA에서는 수십 명의 태극기부대가 차에서 내리는 나를 에워싸고 위협하는 장면이 언론에까지 알려졌고, 워싱턴 D.C 행사 때는 한 명의 태극기 어르신이 미국 경찰에 연행되는 소동까지 벌어졌다. 시카고 행사를 마친 후 나를 보호하던 교민과 태극기부대의 충돌로 인해 법원 소송까지 이어졌다. 북 콘서트를 진행하는 동안 나는 일급 신변 보호 대상자가 되어 경찰의 호위를 받는 특혜 아닌 특혜를 누렸다. 당시 청와대 백원우 민정비서관이 나의 신변을 심각히 우려하여 경찰에 조치했다고 하니 고마울 따름이다. 한 가지 의문은 국내외 행사 때마다 등장하여 행사를 방해한 태극기부대 어르신들의 배후와 자금이다. 행사 때마다 동행하며 고생한 조호제 비서관은 최순실 세력으로 의심했지만 참으로 궁금하다.

 무엇보다 '국정 농단 추적자'라는 업보로 나는 유난히 많은 고소·고발을 당했다. 열 손가락으로 다 셀 수 없을 만큼 많은 고소·고발을 당했더니 평소 말수가 적고 신중한 양승신 보좌관이 "의원님, 마치 변호사 사무실 같습니다."라고 하소연했다. 대개는 보수 세력과 태극기부대의 화풀이성이라 크게 신경 쓰지 않았지만 변호사 비용과 보좌진들의 에너지 소모로 스트레스를 받았다. 이명박, 박근혜 두 전직 대통령을 감옥으로 보내는 데 앞장선 정치인이 감당해야 할 업보로 받아들이고 자업자득의 심정으로 당당히 대응하였다. 그런데 최서원(최순실 개명) 씨와 김학의 부인이 나를 고소한 사건에 대해서는 기분이 몹시 불쾌했다. 나의 사정을 딱히 여긴 로펌의 지원 덕에 11개 고발 건 중 9건이 불기소 결론이 내려졌다.
 최순실의 국정 농단 시절 검사와 판사들은 권력의 시녀였고, 박근혜 정권은 우병우 검찰 라인을 통해 나를 구속하려 했으나 실패했다. 그중 한 번은 추후 기술할 2014년 ○○교통 뇌물 건으로 엮으려 했던 사건이고, 또 다른 구속 시도는 20대 총선 직전에 있었던 불법 정치 자금 고발 사건이다. 2014년 청와대 하명 수사로 나를 구속시키려다 실패한 국정 농단 세력은 19대 총선을 앞두고 나를 구속하여 낙마시키려는 음모를 추진하였다. 검찰은 내가 시·도의원들에게 불법 정치 자금을 받았다고 엮으려 했고, C 전 오산시의회 의장은 나를 서울중앙지검에 고발했다. 민주당 소속이던 C 시의원은 2012년 한국당 시의원들과 모의하여 시의장이 되었는데 이로 인해 민주당 중앙당으로부터 중징계를 받자 탈당 후 시장과 국회의원에 연이어 출마하며 나와 오산 민주당을 음해했고, 국민의힘과 밀당하는 사이로 지냈다. C 전 의장의 추리소설 같은 고소장을 기다렸다는 듯이 종편에서 그 내용이 하루 종일 보도되었다는 점과 수원지검이 아닌 우병우 라인인 ○○○이 검사장으로 있는 서울중앙지검에 고발했다는 점에서 어떤 불순한 의도가 있었을 것으로 짐작된다.

내게 돈을 준 사람이 없으니 내가 돈을 받았다는 것은 터무니없는 거짓이었으나 총선을 앞둔 나는 졸지에 불법 자금을 받은 정치인으로 낙인찍혀 19대 총선을 힘겹게 치러야만 했다. 이 고발 건으로 총선 직전에 문영근 오산시 의장은 가택 압수 수색을 당했고 시·도의원을 포함한 핵심 당원 10여 명이 검찰 수사를 받았으니 오산은 선거를 정상적으로 치를 수 없을 만큼 쑥대밭이 되었다. 만약 검찰 수사를 받은 누군가 한 명이라도 검사가 원하는 허위 진술을 했더라면 나를 구속하여 선거를 치르지 못하도록 했을지 모른다. 그것이 박근혜 정권 검찰의 기획이었을 것이다. 돈을 준 사람도 없으니 받은 사람도 없는 불법 정치 자금 고발은 총선 후 무혐의 처리되었지만 만약 내가 털끝이라도 빌미가 잡혔더라면 검사에 의해 구속되었고, 판사에 의해 실형이 선고되었을 것이다. 당시는 국정 농단 세력의 지시대로 판결이 내려지던 때였다. 국정 농단 세력의 시나리오대로 내가 구속되었더라면 4선에 실패해 최순실 국정 농단 추적도 거기서 멈추었을 것이다. 상상만 해도 소름이 끼친다. 나는 최순실 일당으로부터 2014년과 2015년에 두 번씩이나 구속 위기에 처했고, 최순실 공권력에 의해 모든 신상이 탈탈 털려 검증을 받은 셈이 되었다.

박근혜 탄핵 후 나를 향한 첫 번째 고발은 박근혜 대통령 구속 직후 태극기부대로 추정되는 사람이 불법 모금 혐의로 고발한 사건이다. 내가 한국백혈병소아암협회 회장으로 봉사하던 시절 기업으로부터 모금한 돈이 불법이었다고 주장한 고발장인데 '묻지 마'식 고발이었다. 기부금은 적법한 절차에 의한 모금이었고 특히 내가 6년간 회장을 하는 동안 단 한 푼도 돈을 쓴 적이 없었기에 무사할 수 있었다. 그런데 언론에서는 내가 마치 수십억 원의 불법 후원금을 모금해서 횡령한 것처럼 보도

하였다. 이 사건은 협회 이사로 함께 봉사했던 변호사의 도움을 받아 무혐의 처리로 끝났다.

다음엔 안철수 대선 후보 측으로부터 고발을 당했다. '김어준의 뉴스공장'에 출연하여 안철수 후보와 같은 상임위에서 활동하는 동안 최순실 국정 농단 사건에 대해 제대로 문제 지적을 하지 않았다고 비판하고, 같은 상임위 의원들과 차 한잔 함께하거나 식사를 하지 않는 혼밥족이라 했더니 안철수 후보 측에서 난리가 났다. 그리고 허위 사실 유포로 고발되었다. 몇 달 후 방송에서 최순실 은닉 재산 몰수법 관련하여 자유한국당은 반대하고 국민의당은 미온적이라 했더니 국민의당에서 발끈하여 또 허위 사실로 고발하였다. 안철수에게 미운털이 박힌 운명적 결과인지 모르겠다. 그러나 정치를 법정으로 끌고 가는 것은 스스로가 정치를 부정하는 꼴이라 생각되기에 여전히 안철수 측의 편협한 인식에 쓴웃음만 나올 뿐이다.

2017년엔 노승일과 관련된 일로 고발을 당하는 고초를 겪었다. 노승일의 후원금을 불법으로 모았다는 것으로 태극기부대로부터 고발을 당해 영등포경찰서에서 조사를 받았다. 자유한국당 이완영 의원이 노승일을 고발했다는 소식에 박창일 신부님이 노승일의 변호사 비용을 도와주자고 제안했다. 계좌를 만들고 나에게 '뉴스공장'에서 알리라고 했다. 방송 후 3일 만에 1억 3천만 원이 모금되어 내가 방송에서 모금 중지를 호소할 만큼 많은 돈이 모금되었다. 그런데 이것이 기부금법 위반이 될 줄 몰랐다. 모금액이 천만 원이 넘을 경우 사전에 관할청에 신고하게 되어 있는데 박창일 신부님과 나는 알지 못했고, 1억 원이 넘는 돈을 모금했으니 신부님과 나를 태극기부대가 고발한 것이다. 사실 변호사들조차도 이 법을 잘 알지 못했다. 때문에 조사를 받았는데 박창일 신부님은 난생처음 경찰서에 가보았다고 했다. 이 사건은 검찰이 기소하여 1심에서 벌금형 300만 원을 받고 종결되었다. 아무리 선한 일도 처벌받을 수 있다는 교훈을 얻는 사건이었고, 잘못을 인정하고 박창일 신부님이 선처를 호소했으나 유죄를 선고한 판사의 이름을 가슴에 묻었다.

2019년도 여러 건의 고소·고발을 당했다. 오산 세교정신병원 관련하여 3건의 고발을 당했다. 내가 보건복지부 장관을 만나 원칙과 상식에 입각하여 사태 해결을 해 달라고 촉구한 것이 직권남용이고, 사태 해결을 위해 주민의 편에서 최선을 다하겠다고 약속한 것이 사전선거운동이고, 오산시장의 결정에 따라 허가 취소되었다고 현수막을 게시한 것이 허위 사실 유포에 해당한다는 혐의였다. 나를 고발한 당사자는 대한의사협회와 대한소아청소년과의사회라는 의사 단체였다. 지역의 의사와 주민 간의 갈등을 해결하기 위해 나선 정치인을 중앙의 의사 단체가 왜 고발하는지 이상해서 알아봤더니 두 단체 회장 모두 보수 성향이고 의사협회 회장은 서울구치소 앞에서 박근혜 지지 일인 시위를 벌인 적도 있다니, 나를 고발한 배경이 충분히 이해되었다. 문제는 그들의 언론 플레이가 도를 넘어 나에 대한 거친 정치적 공격으로까지 이어지니 국민들 눈에는 의사에게 공격을 당하는 정치인 안민석이 의아했을지도 모르겠다. 나도 이제 맷집이 강해져 웬만한 공격에는 끄떡하지 않는다. 그들의 공세에 무대응으로 일관했다. 다행히 경찰 조사 결과 3건 모두 불기소 의견으로 검찰로 보내졌다는 공식 통보를 받고 잘 마무리되었다.

2019년 봄에는 난데없이 김학의 부인으로부터 고소를 당했다. 내가 페이스북을 통해 김학의와 최순실의 관계를 의심하는 글을 올렸는데 이것을 두고 허위 사실 유포라며 명예훼손으로 고소한 것이다. 사실 두 사람의 관계에 대해서는 내가 글을 올리기 전에 이미 언론에 보도되었고, 나도 들은 바가 있어 김학의 차관 임명의 배후에 최순실의 그림자가 있다고 보는 것은 합리적 의심이었다. 박근혜 정부 초기에 김학의 법무부 차관의 임명은 의외였고, 이미 별장 괴소문과 사진 자료에 대해 청와대 사정 라인에서 알고 있을 시기였다. 보이지 않는 손이 작용하지 않고서는 당시 차관 임명은 이해되지 않았다. 진실이야 두 사람만 알겠지만 김학의 부인이 나를 고소한 것은 두 사람의 관계가 재판 결과에 지대한 영향을 미칠 것을 의식한 정치적 계산이었다고 보았다. 김학의 부인에게 고소당한 것이 분하고 황당했지만 다행히 경찰이 이 사건을 불기소 의견으로 검찰에 보냈다는 소식이 언론을 통해 알려졌다. 이를 많은 언론이 보도한 것을 보니 김학의 사건의 진실이 여전히 묻혀 있다는 것을 반증하는 듯했다.

내가 당한 가장 황당한 일은 2019년에 최서원 씨가 나를 고소한 사건이다. 살다 살다 최서원에게 고소를 당하니 참으로 기분이 묘했다. 최서원에게 고소당한 것이 문제가 아니라 조국 사태를 계기로 숨죽이며 정세를 살피던 최서원의 역습이 시작된 시그널로 보는 것이 맞을 듯하다. 최서원은 '내로남불' 법치를 바로잡겠다면서 최 씨가 수조 원대의 재산을 해외로 은닉 중일 것이라고 주장한 나를 검찰에 고소했다. 혐의는 허위 사실 유포에 따른 명예훼손이었다. 최서원 씨가 지켜야 할 명예가 있는지 씁쓸한 따름이다. 최서원은 "이제는 과거 본인과 박 전 대통령에 대해 국민을 호도했던 허위 사실 유포 책임자에 대해 책임을 물어야 한다는 생각이 든다."라며 "인권을 중시한다는 문재인 정부하에서 용기를 내어 안민석에 대한 고소부터 시작한다."라는 결기를 밝혔다. 최서원의 국정 농단은 허위 사실이고 나에게 책임이 있다고 주장하니 세상이 참 우습게 돌아간다. 며칠 후 최서원은 JTBC 손석희 사장도 고소했는데 결과적으로 국정 농단 사건은 안민석, 손석희라는 허위 사실 유포자들이 조작한 가짜라는 주장이다. 대꾸할 가치가 없어 아무런 대응도 하지 않았다.

최서원은 나에게 명예훼손을 당했다며 민사와 형사적 책임을 물었다. 민사 소송은 변호사조차 선임하지 않은 1심에서, 판사가 최서원의 주장을 받아들여 벌금 1억 원의 유죄 판결을 받았으나 2022년 5월 2심에서 무죄 판결이 나왔다. 그럼에도 2022년 8월 경찰은 기소 의견으로 검찰에 송치했고, 1년 이상 잠잠했으나 2023년 9월 한동훈 장관과 대정부 질의에서 설전을 벌인 직후 검찰의 조사 요구를 받았다.

그 외에도 정유라 씨를 포함한 다른 사람들로부터 고소·고발이 이어졌다. 이제 나도 더 신중히 처신하고 가급적 더 이상 고소·고발을 당하는 일이 없도록 할 것이다. 두 전직 대통령을 감옥에 보낸 업보라면 달게 받도록 하겠다. 나경원 전 의원 딸의 평창동계스페셜올림픽 조직위원회, 사단법인 스페셜올림픽코리아(SOK) 등과 관련된 고발 사건이 모두 불기소 처분되었을 때 화가 나서 '최순실의 국정 농단과 나경원의 스페셜올림픽코리아(SOK) 농단 10가지 닮은 점'이라는 공개서한을 보내려다 보류했다. 보좌진의 만류 때문이었다. 분명히 글을 올리는 순간 나경원이 고발할 텐데, 더 이상의 고소·고발 사건은 감당하기 벅차다는 하소연을 듣고서 참고 중단하기로 했다. 보좌진들에게 고맙고 미안하다는 말을 꼭 해야겠다.

국정 농단 추적자의
수난사2

2020년 가을은 검찰 개혁과 공수처 설치를 두고 대한민국 개혁 세력과 반개혁 세력 간 전쟁이 한창이었다. 겉으로는 문재인 대통령이 임명한 추미애 법무부 장관과 윤석열 검찰총장의 한 치 양보 없는 기싸움처럼 보였지만 본질은 정의로운 나라를 위한 총성 없는 전쟁이었다. 검찰 개혁과 공수처 설치 전쟁이 절정인 시점에 KBS '시사직격'의 '메이드 인 중앙지검'은 2회에 걸쳐 국정 농단 시절 청와대 하명 수사로 검찰이 정치인들을 기획 수사하고 구속한 사건들을 보도했는데 가히 충격적이었다. 그 방송으로 국민들이 검찰 개혁의 필요성을 피부로 느끼게 되었을 뿐 아니라, 청와대 하명 수사로 김재윤, 신계륜, 신학용 의원이 구속되고 나 대신 한 분이 구속된 사건의 내막이 세상에 알려졌기 때문이다. 두 사건의 실체가 방송에 보도된 이상 더 이상 침묵할 수가 없게 되었다. 공수처에서 청와대 하명 사건을 수사하길 기대한다.

'시사직격'에 방송된 사건 중 나에 관한 청와대 하명 수사 의혹이 있다. 2014년 4월 승마 공주 정유라를 폭로하고 박근혜의 역린인 최순실의 이름을 세상 밖으로 소환한 안민석을 청와대가 가만두지 않을 것이란 소문이 떠돌았는데, 실제로 나를 구속시키기 위한 음모가 실행되었다는 것이 이번 방송에서 공개되었다. 2014년 하반기에 나의 지인들이 세무 조사를 받는다는 소식에 설마설마했고, 박근혜 대통령이 2015년 1월 9일 김종덕 문체부 장관을 청와대로 불러 나를 '나쁜 정치인'으로 지목했다는 내부자의 전언을 들었을 때는 쓴웃음으로 넘겼지만, 실제로 나를 구속시키려 청와대가 하명 수사를 지시했다면 경악할 일이다.

2014년 4월 8일 내가 대정부 질의를 통해 최순실을 세상 밖으로 소환한 후 6월 12일 김영한 청와대 민정수석이 임명되었다. 일주일 후 김영한 수석의 6월 21일 업무 수첩에 내가 ○○교통 사장에게 1억 원 뇌물을 받았다는 메모가 적혀 있었다. 이메모는 JTBC 봉지욱 기자가 김영한 업무 수첩을 검토하다가 최초로 발견하여 내게 알려주었다. 그때가 문재인 대통령 취임

후 얼마 되지 않은 시점이었다. 내가 최순실을 세상에 알린 후 최순실은 나를 혼내야겠다고 작정했을 것이고, 문고리 3인방과의 대책 회의를 통해 나를 엮어 구속시키기로 결정하고, 문고리 3인방 중 누군가 김기춘 비서실장에게 전달했고 김기춘은 청와대 수석참모회의에서 갓 임명된 김영한 민정수석에게 지시했을 것으로 추정된다. 김영한 민정수석은 우병우 민정비서관에게, 우병우는 대검과 수원지검을 통해 나를 구속하도록 하는 시나리오를 전개했을 것이다.

○○교통 사장에 의하면 8월 27일 첫 번째 소환 이후 허위 진술을 강요받는 강도 높은 수사가 수개월 진행되었다. 일주일에 두세 차례 주야로 불러 나에게 돈을 주었다는 자백을 얻을 목적으로 강압 수사를 하였다. 나와 ○○교통 사장은 알지 못하는 사이였는데 1억 원을 주었다는 터무니없는 허위 자백을 받고자 했으니 청와대의 하명 수사는 처음부터 말이 안 되는 수사였지만, 국정 농단 세력에게는 불가능은 없어 보였을 것이다.

이전에 서울종합예술실용학교 이사장의 횡령 비리를 검찰이 미리 손에 쥐고 검사가 원하는 허위 진술을 받고 횡령 비리를 바게닝하는 불법적 수사 기법으로 그해 여름에 김재윤·신계륜·신학용 세 명의 야당 의원을 구속시키는 데 성공하였다. 나도 똑같은 수법으로 회계 문제가 있는 버스회사 사장을 겁박하여 허위 진술을 받고 반면 버스회사 사장은 약하게 처벌하겠노라고 회유했을 것이다. 그러나 아무리 나를 엮고 싶어도 친분 관계가 없고 만난 적이 없는 나와 버스회사 사장이 거액의 돈을 주고받았다는 것은 애초부터 무리한 하명 수사였다. 결국 버스회사 사장은 별건인 회계 횡령으로 2014년 12월 26일 구속되었다. 청와대 업무 수첩과 수원지검 특수부의 수사가 별개였을까? 정치인의 비리를 수사하는 수원지검 특수부가 왜 선량한 운수회사 사장의 조사를 맡게 되었을까?

수원지검 특수부는 ○○교통 사장이 안민석에게 돈을 주었다는 진술을 받아 내기 위해 일주일에 몇 차례씩 불러 밤샘 조사를 하였다. 이것이 '시사직격'에서 사장이 고백한 내용이다. 사장이 계속 버티자 회사 회계 장부를 압수 수색하였고, 회사뿐만 아니라 집안이 망한다는 검사의 협박에 괴로운 나머지 사장님은 자살까지 생각했으나 끝까지 양심을 지키고 버틴 결과 법정 구속되었다. 추징금도 57억 원을 부과했다. 검사가 요구한 허위 진술을 거부했으니 괘씸죄에 걸린 것이다. 방송에 나오지 않았지만 노조위원장도 함께 구속되었는데 그는 출소 직후 결국 스스로 생을 마감하였다. 죽은 자는 말이 없지만 나로 인한 죽음이라는 자책감은 말로 표현하기가 어려웠다. ○○교통 사장은 출소 후 심한 스트레스로 암에 걸려 수술을 받았고 현재도 파킨슨병으로 고통받고 있지만 여태껏 나에게 단 한 번의 원망도 하지 않으니 더욱 죄송한 마음이다. 만약 검사가 원하는 허위 진술로, 버스회사 편의를 봐준 대가로 나에게 1억 원을 주었다고 했다면 나는 즉시 구속되어 뇌물죄로 7년형을 선고받고 2021년까지 감옥살이를 하고 나서야 나올 수 있었을 것이다. 당시가 국정 농단과 사법 농단이 한창일 시기여서 소설 같은 일이 현실에서 벌어졌을 것이다. 생각만 해도 끔찍하고 아찔하다.

'시사직격'에서는 다루지 않았지만 나로 인해 구속되어 징역살이를 한 또 다른 희생자가 있었다. 수성고등학교 동문 후배인 박○○인데 역시 나와 개인적으로 알지 못하는 사이였다. 박○○ 후배는 2014년 당시 ○○교통 부사장이었으므로 검찰은 나와 ○○교통 사장 사이에서 다리 역할을 했을 것이라고 의심한 듯하다. 내가 ○○교통에서 1억 원을 받았다면 친분이 없는 사장보다 고교 후배인 부사장을 통했을 것이라는 합리적 의심을 넘어 나를 꼭 구속시켜야겠다는 확증 편향이었을 것이다. 검찰의 수사 패턴은 ○○교통 사장 때와 비슷했다. 박○○의 약점을 쥐고 안민석에게 돈을 주었다고 허위 사실 진술을 강요하다가 끝까지 말하지 않자 별건으로 구속해 1년 6개월간 감옥살이를 하게 한 것이다. 후배가 허위 진술을 했더라면 후배를 구속하지 않고 나를 구속하는 것이 검찰의 시나리오였을 것이

다. 선배 때문에 억울한 옥살이를 한 후배에게 참으로 미안한
마음이다.

.

이재명과
나

이재명 대표와 나는 친구 사이다. 대선 후보가 되기 전까지 서로 편하게 부르며 농담도 자주 했다. 그와 나는 13살 때 경상도에서 경기도로 이사 왔다. 이재명은 안동 산골에서 성남 판

자촌으로, 나는 부산의 판자촌에서 오산으로 와서 청소년기를 보냈다. 어릴 적 같은 시기에 경상도에서 경기도로 올라와 민주당에서 함께 정치를 하게 된 흔치 않은 인연이다. 정치하기 전에도 그는 변호사로 나는 대학교수로 나름 성공적인 30대를 보냈고 40대 이후부터 민주당에서 정치를 함께하고 있다.

2013년 이재명 대표가 성남시장이었던 시절, 내가 시장실로 찾아가 오산에서 실시하는 수영 교육을 제안했더니 즉석에서 수락했다. 당시 나는 아이들 안전 교육을 위해 수영 교육 전도사를 자처하며 경기도 내 시장들을 만나 설득했는데 대부분 시장들은 이런저런 이유로 답변을 보류하거나 검토하겠다고 했다. 그러나 이재명 시장은 내 말을 듣자마자 성남에서도 해야겠다고 응답했고 성남은 오산에 이어 두 번째로 수영 교육을 실시할 수 있었다. 지도자는 올바른 판단을 신속히 내릴 줄 알아야 한다. 그날은 이재명의 지도자로서의 자질을 느끼게 된 날이다. 뻔한 결론을 지체하며 행정력과 시간을 소모하는 단체장은 이재명을 보고 배워야 한다. 정치인도 마찬가지다. 지금까지 내가 만난 정치인이나 행정가 중 이재명만큼 신속하고 정확한 판단력을 가진 사람을 거의 보지 못했다.

2016년 국정 농단 사태로 정치인으로서 나와 이재명의 운명적 변곡점을 맞게 된다. 이재명은 최초로 박근혜 탄핵을 주장하여 국민의 뇌리에 용기 있고 소신 있는 이미지를 각인시켰다. 어쩌면 박근혜 탄핵 주장이 오늘날의 이재명을 만드는 결정적 계기가 되었는지 모른다. 당시 나는 박근혜 정부의 국정농단을 추적하며 국내외를 누비는 동시에 국민에게 진실을 알리는 역할을 했다. 세월호 참사 당일 박근혜 대통령의 행적과 관련하여 중요한 열쇠를 쥐고 있던 인물 중 한 명으로 의심되는 간호 장교를 이재명 시장과 함께 추적했다. 간호 장교는 청와대 근무 후 국군수도병원으로 복귀했는데 성남에 국군수도병원이 있기 때문에 이 시장에게 은밀히 알아봐 줄 것을 부탁했다. 간호 장교는 세월호 참사의 비밀을 알고 있을 것이라고 생각했으니 간호 장교를 찾는 것은 국정 농단의 진실의 문을 여는 핵심 고리라는 합리적 의심이 들었다. 지략이 뛰어난 이 시장은 최선을 다해 간호 장교를 수소문했다. 얼마 후 간호 장교가 미국으로 파견 연수를 갔다는 놀라운 사실을 알아내었고, 기적적으로 텍사스주 샌안토니오에 있는 간호 장교를 찾아냈다.

2017년 가을, 이재명 시장이 만나자고 국회로 찾아왔다. 2018년 지방선거를 앞두고 경기도지사 민주당 거론 인사 중 1위 이재명, 2위 안민석, 3위 전해철 순으로 여론 조사가 나오던 시기였지만 나는 경선 출마를 고민하던 때였다. 이재명 시장은 나에게 함께 경선에 나와 선의의 경쟁을 하자며 출마를 권유했고 나는 주류를 대표하는 전해철 의원과 비주류를 대표하는 이재명 시장의 과도한 경쟁을 우려했다. 나는 결국 경선에 참여하지 않았고, 이재명 시장이 경선을 통과하였다. 이재명 시장이 막강한 조직력을 가진 전해철 의원을 꺾은 것은 노무현 대선 후보가 경선에서 승리한 것에 버금하는 이변이었다. 이재명 후보가 도지사를 거머쥐었지만, 선거법으로 재판을 받으며 고난의 시간을 거친 것은 과도한 경선의 후유증이었고, 나는 경선에 참여하지 않은 미안한 생각에 이재명 지사를 애써 외면하다시피 했다.

2019년 가을, 이화영 경기 부지사 아들의 결혼식에서 우린

▲ 이재명 성남시장과 의원실에서, 2017. 11.

모처럼 만났다. 이재명 지사는 나에게 부탁이 있다며 대법원 판결을 앞두고 청원서를 부탁했다. 나는 즉석에서 쾌히 동의했는데 마음의 빚을 갚은 기분이었다. 대법원에서 유죄 판결을 받으면 이재명의 정치생명은 끝날 판인데 벼랑 끝에 서 있는 친구가 내미는 손을 잡아주는 것은 인간적 도리라고 판단했다. 나는 청원서에 동의한 후 페이스북에 올려 공개적으로 이재명의 무죄를 호소했더니 나를 욕하는 댓글이 넘쳐 났다. 만약 그날 이재명 지사의 부탁을 거절했다면 우린 정치적으로 영원히 결별했을지도 모른다. 다행히 놀랍게도 대법원은 무죄 판결을 내렸고 이재명은 불사조처럼 부활하여 본격적 대선 행보를 시작하였다.

이재명 지사 약 4년 동안 나는 단 한 번도 무언가를 부탁한 적이 없다. 인사 청탁도 예산 요청도 하지 않았다. 이재명 지사와 유일하게 추진했고 성과를 남긴 것은 평택호 살리기였다. 2020년 연말에 도지사실로 내가 찾아가 오산천, 황구지천, 안성천을 담는 평택호 줄기에 수달이 살고 있으니 평택호 수질 개선을 위해 도지사가 나서야 한다고 설득했더니 이재명답게 즉석에서 '좋은 일'이라며 응수했다. 오산천에 수달이 최초로 나타난 것은 2017년이었고 2019년에 도지사에게 수달 소식을 전했더니 '안 의원이 돈 주고 방생한 것 같네!'라며 농담하더니 결국에는 수달에 큰 관심을 갖고 평택호 살리기에 팔을 걷어붙이고 나섰다. 평택호 수질 개선은 평택시를 포함한 경기 남부의 오랜 염원이었지만 상류 10여 개의 지자체들의 협조 없이는 불가능한 일이다. 몇 달에 걸쳐 지사와 함께 지자체들을 설득한

▲ 경기 남부 맑은 하천 만들기 민관 협력 공동선언식, 2021. 3. 19.

결과 2021년 3월 경기 남부 맑은 하천 만들기 민관 협의체를 구성하는 데 성공했다. 경기 남부 환경 NGO단체와 함께 삼성과 SK 같은 글로벌 기업의 참여도 이끌어 냈는데 탄소 중립 시대의 좋은 거버넌스 표본이 될 것이다.

대선 경선 직전에 소위 친명 7인회 의원들이 이재명을 돕자고 해서 자연스럽게 이재명 경선 캠프에 참여하게 되었다. 정성호 의원을 포함한 임종성, 김병욱, 김영진, 이규민, 김남국 등 모두 경기도 출신인데다 평소에 나와 친분이 두터운 의원들

▲ 이재명 민주당 대선 경선 후보와 함께
좌측부터 김병욱, 안민석, 김남국, 이재명, 2021. 10. 3.

이어서 내가 이재명 캠프에 참여한 것은 자연스러웠다. 또한, 2021년 초 이낙연 대표의 박근혜 사면 제안을 공개 비판한 나는 결코 이낙연 후보를 지지할 수 없었다. 경선 기간 동안 나는 전국을 몇 바퀴 돌며 열심히 뛰었다.

이재명이 민주당 대선 후보가 된 후에는 정성호 의원과 함께

총괄특보단장을 맡았다. 정성호 의원과는 평소 호형호제하며 지내는 사이인데 남을 배려할 줄 알고 자신의 이익을 남에게 양보할 줄 아는 정치인이다. 이재명도 정성호 의원을 형으로 부르며 의지한다. 이재명에게 정성호 같은 사심 없는 선배가 있는 것은 복이다. 불사조 이재명과 함께 세상을 바꿀 수많은 이재명과 함께 대동 세상을 기약한다.

부록

국민을 위한 20년 주요 활동 성과 20

- 학교 인조 잔디 운동장 제안 및 전국화(2004~현재)
  쾌적한 공공 체육 시설 확대 성과

- 학교 복합시설 제도화(2004~현재)
  선진국형 공공 문화 체육 시설 확대 성과

- 공부와 운동을 병행하는 학교생활 정립(2006~현재)
  학생 선수 인권과 학습권 확대 성과

- 재외 한국학교 지원(2006~현재)
  재외 동포 숙원 해결과 교육 지원 확대 성과

- 평양 사동 경기장 인조 잔디 운동장 조성(2007)
  한반도 평화를 위한 교류 협력 성과

- 한국백혈병소아암협회장(2009~2015)
  건강 장애 학생 치료 지원과 학습권 확대 성과

- 무상 급식 실현(2010~2012)
  무상 급식 전도사로 영유아부터 고교생까지 확대 성과

- 반값 등록금 추진(2010~2012)
  국가장학금 도입과 학자금 부담 경감 성과

- 평택호~오산천~한강 친환경 자전거 길 조성(2010~2024 완료 예정)
  서울 시민과 경기 남부 시민의 건강과 여가에 기여 성과

- 기흥저수지 수질 개선 및 수도권 수달보호센터 건립(2010~현재)
  오산천 생태 하천 복원 성과

- 공공 스포츠 클럽 제안 및 추진(2013)
  선진형 스포츠 제도 정책화 성과

- 박근혜 정부 국정 농단 추적(2014~2016)
  촛불 혁명의 도화선, 탄핵과 정권 교체 성과

- 초등 생존수영 제도화(2015)
  오산시 수영 신화 성공 모델 전국 확대 성과

- 체육 단체 통합(2016)
  스포츠 복지국가 실현을 위한 선진국형 체육 시스템 구축 성과

- 문재인 대통령 방미 특별 수행원(2017)
  조선 문정왕후·현종 어보 환수 성과

- 국가 문화재 조선 문정왕후 어보 환수(2017)
  해외 반출 문화재 민관학 협력 및 환수 성과

- 독립운동가 최재형 선생 기념비 건립(2019)
  독립운동가 업적 발굴 및 재조명 성과

- 인공지능(AI) 교육 전도사(2021~현재)
  4차 산업혁명 인재 양성 패러다임 전환 성과

- 대학 천원의 아침밥 추진(2022~현재)
  쌀 소비·학생 건강·식비 경감 일석삼조 성과

- 경기맹학교 최초 건립 추진(2023~현재)
  시각 장애 학생 안전과 교육권 확대 성과

국민을 위한 20년 주요 입법 성과 20

- 한국 음악 대중화와 한류 문화 확산을 위한
  음악산업진흥법 제정(2006. 4.)

- 한국 스포츠 산업 발전과 경쟁력 강화를 위한
  스포츠산업진흥법 제정(2007. 3.)

- 학생 건강과 학교 체육 활성화를 위한
  학교체육진흥법 제정(2011. 12.)

- 도시 경쟁력 강화와 공동체 회복을 위한
  도시재생활성화 및 지원특별법 제정(2013. 4.)

- 보이스 피싱 신고 포상금제 도입하는
  전기통신금융사기피해환급법 개정(2013. 12.)

- 학생 안전사고 예방과 안전 교육 강화하는
  초중등교육법 개정(2014. 12.)

- 선진국형 체육 시스템 구축을 위한 체육 단체 통합·지원 확대하는
  국민체육진흥법 개정(2015. 3.)

- 한미동맹 강화를 위한 죽미령 유엔초전 미군추모 평화공원 조성 촉구
  국회 결의안 통과(2015. 8.)

- 일제 불법 반출 문화재 이천 오층석탑·조선대원수 투구 반환 촉구
  국회 결의안 통과(2015. 12.)

- 대학 입학금 폐지와 졸업 유예생 등록금 강제 징수 금지하는
  고등교육법 개정(2019. 10.)

- 재외 동포 숙원 해결과 수업료 및 교육 지원 확대하는
  재외국민 교육지원법 개정 (2019. 10.)

- 스포츠 공정성과 인권 보호를 위한 스포츠윤리센터 설립하는
  국민체육진흥법 개정 (2020. 1.)

- 한국형 골든 플랜 공공 문화 체육 시설을 확대하는
  학교복합시설운영법 제정 (2020. 3.)

- 성범죄 공익 신고자 보호 및 지원하는
  공익신고자보호법 개정 (2020. 4.)

- 국가 문화재 보존을 위한 기부자 시상 및 예우하는
  박물관및미술관진흥법 개정 (2020. 5.)

- 국회 개혁을 위한 법안심사소위 의무 및 상시 국회 도입하는
  국회법 개정 (2020. 12.)

- 국민 건강과 선진국형 체육 시스템 구축을 위한
  스포츠클럽법 제정 (2021. 5.)

- 교육계 숙원 해결과 중장기 교육 정책 수립을 위한
  국가교육위원회설치법 제정 (2021. 7.)

- 재외 동포 숙원 해결과 체계적이고 종합적인 지원을 위한
  재외동포기본법 제정 (2023. 4.)

- 공동주택 노동자(경비원 등) 근무 환경 지원 예산을 확대하는
  공동주택관리법 개정 (2023. 5.)

오산 시민을 위한 20년 주요 활동 성과 20

- 오산천 생태 하천 복원(2004~현재)
  전국 생태하천복원사업 우수사례 선정

- 학교 체육관 건립 및 100% 주민 개방(2004~2022)
  시민 건강 여건 강화 및 문화 체육 활성화

- 세마고 유치(2010)
  전국 대표 명문고 육성 성공 사업

- 전국 최초 학교 체육관 운동장 사용료 무상 지원(2010~현재)
  전국 롤 모델

- 교육 도시 생존수영(2012~현재)
  성공 신화 전국 롤 모델 사업

- 세교 복지관 수영장 건립(2012)
  공공 문화 체육 시설 확대

- 오산초(2012) · 원동초(2017) 복합시설 건립
  공공 문화 체육 시설 확대

- 오산역 환승센터 건립(2013~2018, 총578억)
  전국 최초 철도 위 기차·전철·버스·택시 환승

- 죽미령 유엔초전 기념 평화공원 조성(2015~2021, 총182억)
  한미동맹 상징 사업

- 오산 독산성 복원(2015~현재, 총262억)
  민관학 협력, 세계문화유산 등재 추진

- 교육 도시 통기타 교육(2016~현재)
  성공 신화 전국 롤 모델 사업
- 오산 오색문화체육센터 건립(2016~2021, 총421억)
  오산 시민회관 재건축
- 오산 미니어처 빌리지(2016~2021, 총180억)
  대표 관광지 조성 추진
- 분당선 연장 추진(2017~현재, 총1.3조)
  문재인 대선 공약 제안, 국가 철도망 계획 반영
- 오산경찰서 신설(2018)
  치안 서비스 강화로 안전한 오산 만들기
- 다온초(2018) · 세마초(2019) 설립
  학교 신설 학습권 및 안전 보장
- 오산 국민안전체험관 건립(2021)
  어린이 안전 교육 강화
- 에어돔 배드민턴 구장 건립(2022)
  첨단 시설 확충
- 죽미 실내 테니스장 건립(2022)
  첨단 시설 확충
- AI 특성화고 유치(2022) · AI 교육 선도지구 지정(2023)
  미래 인재 육성 전략 사업

국민과 오산 시민을 위한 20년 기억 사진 20

1. 2004년 17대 국회의원 당선

2. 2006년 택시 기사 체험 시작, 18년째

3. 2010년 반값 등록금 추진의 선봉에 서다

4. 2011년 무상 급식 전도사

5. 2011년 정의가 강물처럼, '나는 꼼수다'와 함께

6. 2011년 도올 선생에게 '보국' 호를 받다

7. 2012년 대한민국 생존수영을 오산에서 창시하다

8. 2013년 문정왕후 어보 한국 환수를 이끌다

9. 2015년 안민석, 차세대 리더 100인 선정

10. 2015년 죽미령 평화공원 국회 촉구 결의안 통과

11. 2016년 국정 농단 청문회로 대통령 탄핵 정국의 중심에 서다

12. 2017년 문재인 대통령 방미 특별 수행원

13. 2017년 손석희와 안민석

14. 2018년 평양의 벗들과 10년 만에 조우

15. 2021년 경기 남부 맑은 하천 만들기 민관 협력 공동선언을 이끌다

16. 2022년 경기도지사 경선 출마

17. 2023년 이재명 대표와 협력의원단장 안민석

18. 2023년 사도광산 유네스코 세계문화유산 등재 신청 철회 촉구 방일

19. 2023년 안민석 의원이 2016년도부터 전국 최초로 추진해 온 오산의 초등학교 통기타 수업을 참관하는 교육부 장관

20. 2023년 후쿠시마 오염수 방류 규탄 연설